HANS KRATZER

AUSGESPROCHEN BAIRISCH

W0088171

Süddeutsche Zeitung Edition

© Süddeutsche Zeitung GmbH, München
für die Süddeutsche Zeitung Edition 2012

Projektmanagement: Sabine Sternagel
Art Director: Stefan Dimitrov
Grafik und Satz: Matthias Worsch
Herstellung: Herbert Schiffers, Hermann Weixler
Druck- und Bindearbeiten: Westermann Druck Zwickau GmbH

Printed in Germany
ISBN: 978-3-86497-075-7

HANS KRATZER

AUSGESPROCHEN BAIRISCH

Von Mongdratzerln, Tschamsterern und anderen sprachlichen Kostbarkeiten

Süddeutsche Zeitung Edition

„Geij Bou, dassd fei schee schmaadzd!" (gell Bub,
dass du fei schön redest!). Schon vor Jahrzehnten
haben besorgte Eltern ihren Kindern diesen Rat-
schlag mit auf den Schulweg gegeben, weil sie über-
zeugt waren, dass der Dialekt jedem schulischen
und beruflichen Erfolg im Wege steht. Die Bil-
dungsforscher, die diese These ebenfalls lange Zeit
verbreiteten, haben mittlerweile umgedacht. Heutzutage gilt der Grundsatz, dass Kinder, die Dialekt
und Hochsprache beherrschen, sich beim Erlernen
von Fremdsprachen leichter tun. Trotzdem ist in
Bayern ein rapider Verfall der Dialekte im Gange.
Der starke Zuzug, die Mobilität sowie die standar-
disierte Sprache der Medien drängen die Mundar-
ten zurück. Viele landestypische Begriffe geraten
dadurch ins Abseits. Der Knödel weicht dem Kloß,
der Metzger dem Fleischer, die Semmel dem Bröt-
chen, der Bub dem Jungen. Mit dem Verlust des
traditionellen Wortschatzes gehen aber auch Heimat und Identität verloren, denn Wörter wie Bub,
Kas oder Gaudi haben etwas Beharrendes – immerhin wurzeln sie noch in der Antike. Als eine der äl-
testen Kultursprachen in Europa wird das Bairische

mit seiner Bildhaftigkeit und mit seinem Formenreichtum zu Unrecht als minderwertige Varietät der deutschen Sprache belächelt. Beiträge, die sich den Geheimnissen und dem Wert dieser Sprache widmen, haben in der *Süddeutschen Zeitung* eine lange Tradition. Seit einigen Jahren setzt eine Kolumne im Regionalteil der *SZ* diesen Brauch fort. Vor allem werden dort Wörter in Erinnerung gerufen, die zwar langsam verschwinden, aber doch gelegentlich noch zu hören sind. Eine Auswahl solcher Begriffe wird auch in diesem Buch vorgestellt, wobei nicht die etymologischen und sprachwissenschaftlichen Feinheiten im Vordergrund stehen, sondern mehr die Geschichten und Anekdoten, die sich um solche Sprachperlen ranken. Sie sind nicht nur geeignet, Erinnerungen zu wecken und die Seele zu erwärmen, sondern setzen auch ein Zeichen für den Reichtum süddeutscher Sprachvarietäten und gegen ein ausdrucksarmes Einheitsdeutsch nach Fernsehnorm.

Nicht zuletzt gilt ein herzlicher Dank jenen treuen Lesern, welche die Wortschatz-Beiträge regelmäßig begleiten und mit nützlichen Hinweisen und Anregungen bereichern. *Hans Kratzer*

ARBEIT & ALLTAG

arschling

Billett

daloawed und dappig

Diridari

Einser und Sechser

Feel und Sputtl

Haftlmacher

himatzen

rasseln

Spezi

Sucht

vergeben

verhunakeln

vom Boa weg

Wetterläuten

wia d'Sau

Wimmerl

zeam

arschling

Wenn früher jemand einen Fuhrmann aufgefordert hat: „Fahr arschling!", dann verstand das jeder. Heute sind das Fuhr- und Speditionswesen sowie die Automobilität ein global verwobenes Geschäft mit internationalen Kodizes, in dem das Wort arschling trotz seiner schönen Eindeutigkeit nichts mehr gilt. Im Englischen heißt es backwards, was aber im Grunde nichts anderes bedeutet als jenes arschling, das man nur noch draußen auf den ebenfalls aussterbenden Bauerndörfern hört. Arschling fahren heißt so viel wie: mit dem Arsch oder dem Heck des Wagens voraus, also rückwärts fahren. Zur Verstärkung sagt man im ländlichen Bayern bisweilen „fahr arschling retour". Wenn der Dichter Georg Queri vor hundert Jahren schrieb: „Du musst arschling geh!", dann meinte er damit: „Du musst zurückgehen!". Queri kannte auch noch den Begriff „etwas arschling anfangen", er bedeutete: etwas verkehrt anfangen. Michael Kollmer definierte arschling einst in seinem Lexikon der Waldlersprache mit rückwärts, rückseitig, verkehrt. Als Beleg führt er an: „de sa saitn und de arschleng saitn", also die rechte und die verkehrte Seite (bei Webstoffen). In seinen 1928 erschienenen Erzählungen „Bayerisches Dekameron" schrieb der Dichter Oskar Maria Graf: „Das Häusel steht mitten im Dorf, nach altem Bauernbrauch arschlings der Straße zu."

Selbst Goethe hat das Wort gebraucht, beispielsweise im Faust II (Vers 11736–39):

„... Satane stehen auf den Köpfen,
Die Plumpen schlagen Rad auf Rad
Und stürzen ärschlings in die Hölle.
Gesegn' euch das verdiente heiße Bad!"

Arschling ist ein uraltes Wort, schon in Texten aus dem 11. Jahrhundert finden wir Belegstellen. Im Althochdeutschen heißt es „arselingun", im Mittelhochdeutschen „ersling". In dem heute noch sehr gebräuchlichen Grundwort Arsch (alt- und mittelhochdeutsch „ars") steckt die Grundbedeutung „Erhebung" oder „hervorgewölbter Körperteil". Arsch kommt nicht nur im Deutschen und Englischen (arse) vor, sondern auch im Griechischen (orros) und sogar in der Sprache der alten Hethiter (arras).

Billett

Auf der Sonnenterrasse der Rehabilitationsklinik Bad Endorf vertreiben sich die Patienten gerne die Zeit mit kurzweiligen Gesprächen. An einem Nachmittag im Mai 2012 hat dort Frau Monika S. aus dem Münchner Stadtteil Obergiesing Geschichten aus ihrer Kindheit erzählt. Wie sie etwa in den 60er Jahren allein mit der Straßenbahn zum Schlittschuhlaufen aufs Oberwiesenfeld fahren durfte. Für ein Giesinger Dirndl sei das fast eine Weltreise gewesen, erzählte Monika S., noch dazu, wenn der Kondukteur (Schaffner) zu ihr sagte: „Billett bittschön! Ah, hast no koans, dann krieg' ich eine Mark zwanzge von dir." Seinerzeit konnte man Straßenbahn- und Zugbilletts noch nachlösen und dann zwicken lassen. Im Kino und im Theater erledigte das der Billettlzwicker. Bis das

Billett dem Wort Fahrkarte weichen musste. Dieses wurde wiederum vom Ticket abgelöst, das mit dem internationalen Flugverkehr in die deutsche Sprache eingedrungen ist. Heute heißen alle Fahr- und Eintrittskarten Tickets. Das Billett und das Billettl leben lediglich in der Erinnerung fort, etwa in dem Kurzfilm „Der Theaterbesuch" (1934), in dem Liesl Karlstadt sagt: „Rat amal, was s' ma gschenkt hat? Zwei Theaterbillettln." Und wie stolz war einst ein Schüler, wenn er ein Fleißbillettl erhalten hat, ein Begriff, den Ludwig Ganghofer in seinem Roman „Der Herrgottschnitzer von Ammergau" zitiert hat: „Lonerl, da kann ich dir kein Fleißbillett geben." Manche sagten auch Bileed, mit Betonung auf der zweiten Silbe. Das Billett wurzelt im französischen billet de logement (Quartierschein für Soldaten). Auch das Ticket ist französischen Ursprungs. Der österreichische Sprachkolumnist Robert Sedlaczek verweist auf die estiquette, einen öffentlich ausgehängten Zettel mit einer Ankündigung. Das Verb estiquer bedeutet so viel wie ankleben, auf Bairisch hieße es hinbicken oder hinbappen.

daloawed und dappig

Die moderne Arbeitswelt fordert ihren Tribut. Wo es ständig um Effizienz, Gewinnmaximierung und um die Karriere geht, da ist auch das sogenannte Burnout nicht mehr fern, das Ausgebranntsein. In Bayern sagt man zu einem Menschen, der völlig ermüdet oder körperlich und seelisch erschöpft ist, er sei daloawed (daloabed). Das Adjektiv ist verwandt mit dem Substantiv Loawe, so hieß früher ein kleiner Laib Brot. Im Nachbarland Österreich sagte man dazu „Lawerl". Für die Österreicher ist aber auch ein Mensch mit einer schwächlichen Konstitution ein Lawerl. Aus lautlicher Sicht ist es von hier aus nicht weit bis zum Adjektiv daloawed. In den einschlägigen Sprachführern für Oktoberfestgäste wird dieses Wort übrigens ständig zitiert, vermutlich weil es den Elendszustand nach dem Wiesnbesuch und dem obligatorischen Bierrausch exakt und einprägsam zum Ausdruck bringt. „Nach da Wiesn bin i oiwei so daloawed", heißt ein Merksatz in den Wiesnlexika, die eigens für Besucher aus dem Norden gedruckt werden. Am einprägsamsten und treffendsten aber erklärte das Wort vor Jahrzehnten der Sprachforscher Ludwig Merkle: „Daloawed ist man dann, wenn man durch Anstrengung, böse Überraschung und dergleichen so seiner Energie beraubt wird, dass man sich fühlt – und auf andere wirkt – wie ein Stück gekneteter, im Ofen gebackener Teig."

In Achternbusch-Filmen ist bisweilen das Wort dappig zu hören. Als dappig gilt ein Mensch, der etwas verrückt oder nicht ganz zurechnungsfähig wirkt. Oder deppenhaft, wie das Wörterbuch von Ringseis vorgibt. Auch die Schwaben greifen gerne auf das Adjektiv dappig zurück, wenn sie einen Groll gegen einen Mitmenschen hegen. Im Zusammenspiel mit dumm ergibt dappig eine beliebte Tautologie: „Der arbeitet sich dumm und dappig." Wenn einer viele uneheliche Kinder gemacht hat, heißt es mit Blick auf die Alimente: „Der zahlt sich dumm und dappig."

Diridari

In jener Zeit, als unser Geld noch nicht von Finanz-
haien, Bankrotteuren und Spekulanten befleckt
war, trugen der Silberkreuzer, die Goldmark und
die D-Mark in Bayern noch den schönen Sammel-
namen Diridari. Er verknüpft Pragmatismus mit
sprachlichem Wohlklang, was ja die bayerische
Mundart generell auszeichnet. Natürlich klingt
Diridari schon ein bisschen nach Leichtsinn, Bay-
ernLB und Pleitebank.

Vorausschauend präsentierten Gerhard Polt,
Dieter Hildebrandt und die Biermösl Blosn im
Jahr 1988 an den Münchner Kammerspielen ein
Kabarettprogramm namens „Diridari". Christoph
Well von der Biermösl Blosn schwärmte damals:
„Es ist schön, wie der Bayer sprachlich mit Geld
umgeht. Diridari, das klingt wie Larifari." Das
Verhältnis der Bayern zum Diridari hat auch den
Spiegel schon vor 50 Jahren beschäftigt: „Bei
einem guten Preise ist jeder Preuße willkommen",
schrieb das Blatt und fuhr fort: „Der Diridari, wie
der bayerische Mensch, Daumen und Zeigefinger

aneinander reibend, das Geld gerne nennt, gilt da als bevorzugter Maßstab der Hochachtung."

Auf die Frage, nach welchem Prinzip seiner Meinung nach Bauvorhaben durchgewunken werden, sagte der Journalist Dieter Wieland im August 2012 bei einer Podiumsdiskussion in Landshut: „Diridari, das ist das Hauptwort in Landshut."

Der bayerischen Staatsregierung ist wiederum der Länderfinanzausgleich ein Dorn im Auge, wegen dem sie zugunsten der ärmeren Bundesländer überproportional viel einzahlen muss. Das System sei aus dem Ruder gelaufen, wetterte Ministerpräsident Seehofer. Er meinte damit: Es geht einfach nicht, dass die verschwenderischen Berliner mit dem bayerischen Diridari Larifari machen. Auf ihrer CD „Jodelhorrormonstershow" philosophierte die Biermösl Blosn: „Credo in pecuniam / Diridari kratz i zamm ... / Summa summarum / Darum spar i / Diridari diridari."

Einser und Sechser

Immer wenn Mitte Februar und Ende Juli an bayerischen Schulen Zeugnisse verteilt werden, kann man in Bayern deutlich die Zugezogenen von den Einheimischen unterscheiden. Erstere sprechen nämlich von Einsen, Zweien und Dreien, die das Zeugnis schmücken, bei manchen sind es auch Vieren, Fünfen und Sechsen. Die Bayern dagegen sagen nicht „Einsen" oder „eine Eins", für sie ist die Note eins „ein Einser" oder „a Oanser". Folgerichtig kommen danach der Zweier, der Dreier, der Vierer, der Fünfer und der Sechser. Deutschlands älteste Briefmarke heißt „der schwarze Einser", was einen bayerischen Ursprung vermuten lässt. Tatsächlich wurde die Marke 1849 im Königreich Bayern erstmals ausgegeben. Auch diverse Münchner Trambahnlinien haben bis 1983 Einser, Vierer oder Siebener geheißen. Bei einer Sechs im Lotto sagen die Bayern entsprechend: „Hast es schon gehört, der Maier hat einen Sechser getippt." Ist jetzt die Eins richtig oder der Einser? Für den Sprachkritiker Gerald Huber ist es gar keine Frage, dass der Einser und der Zweier richtiges Hoch- und Standarddeutsch sind. Andernfalls müsste ja der Deutschland-Achter beim Rudern auch die Deutschland-Acht sein, argumentiert Huber. Tatsächlich sind alle Zahlhauptwörter männlichen Geschlechts. Die Eins und die Einsen sind demnach nord- und niederdeutscher Dialekt und erst in jüngerer Zeit ins Schriftdeutsche eingewandert. Der nördliche Zahlenschwachsinn werde sich nicht durchsetzen, sagt Huber, sonst müsste künftig aus einer Achterbahn eine Achtenbahn werden und aus einem Flotten Dreier eine Flotte Drei.

Feel und Sputtl

Auf einem Bierfilzl im Allgäu war folgender Spruch zu lesen: „So greena Wiesa, brauna Kiah, geits auf dr ganza Welt sonscht niah. Scheena Feela hand mir gnua ond s'beschte Bier glei no drzua …" Zweifellos ist dieser Text auch für Nicht-Allgäuer gut verständlich, nur auf das eigenartige Wort Feela (Singular: Feel) kann man sich zunächst keinen Reim machen, da fällt einem höchstens der gleichnamige Welthit „Feel" von Robbie Williams ein. Das Problem lässt sich freilich durch einen Blick in die Vergangenheit leicht lösen. Ähnlich wie beim Wörtlein Bub (Bua), das lateinische oder zumindest spätlateinische Wurzeln hat, verhält es sich auch mit den Wörtern Feel, Feela und Feele, die im Allgäu heute noch als Synonym für Töchter und Mädchen verwendet werden. Feel leitet sich, wie unschwer zu erkennen ist, aus dem lateinischen filia,-ae (Tochter) her. „Scheena Feela" sind also die schönen rotbackigen Mädchen, die das Allgäu in erfreulich großer Menge bevölkern. Aus dem Überleben dieses und weiterer lateinischer Wörter schließen Sprachforscher auf einen intensiven römischen Einfluss in dieser Region oder zumindest auf eine länger vorhandene romanische Restbevölkerung, wie sie etwa in Tirol nachgewiesen ist. In den rätoromanischen Gebieten der Südalpen ist dieses alte Völkergemisch heute noch anzutreffen.

Der Kleine Bayerische Sprachatlas nennt im Zusammenhang mit Feel unter anderem das merkwürdige Wort Sputtl, das im äußersten westlichen

Zipfel des Allgäus zu hören ist. Seine Herkunft ist jedoch nicht geklärt. Der Sprachatlas verweist auf eine mögliche Entwicklung aus dem alten Begriff Spuchtel, der sowohl ein Mädchen als auch eine unfruchtbare Frau bezeichnen kann. Diese Deutung ist wiederum im Zusammenhang mit dem gleichbedeutenden österreichischen Ausdruck Spohe zu sehen, der im benachbarten Vorarlberg und im Westen Tirols verbreitet ist.

Haftlmacher

Bei der täglichen Herstellung und beim Druck von Blättern wie der *Süddeutschen Zeitung* lauern eine Menge Gefahren. Vor allem der Fehlerteufel sitzt den Redakteuren ständig im Nacken. In Bayern bringt man diesen Zwang zum exakten Arbeiten mit einem schönen Sprachbild zum Ausdruck: Die Zeitungsmacher müssen aufpassen wie ein Haftlmacher. Es gibt noch viele andere Berufe, in denen man konzentriert und mit großer Sorgfalt arbeiten muss. Vor allem die Mitarbeiter in einem Atomkraftwerk sollten permanent gut obacht geben und sich in puncto Aufmerksamkeit an den Haftlmachern orientieren. Der Beruf des Haftlmachers ist allerdings längst ausgestorben. Das Haftl muss man sich als eine Art Verschluss aus Häkchen und Ösen zum Zusammenhalten eines Kleidungsstücks vorstellen. Insofern war ein Haftlmacher also so etwas wie ein Urahn der modernen Modebranche. Heute werden die Haftln nicht mehr manuell, sondern maschinell hergestellt. Mit der immer noch beliebten Redensart „Aufpassen wie ein Haftlmacher" wurde diesem alten und ehrenwerten Berufsstand gleichsam ein Denkmal gesetzt. Vermutlich hat die handwerkliche Präzision, mit der die Haftlmacher ihre Drähte bogen, einen bleibenden Eindruck hinterlassen. Manche kennen das Haftl auch als kleinen Holzstift, mit dem der Schuster die Sohle anheftete, bevor er sie mit Eisennägeln aufgenagelt hat. Auf dem Land kennt man dieses Wort auch in einem übertragenen Sinne. Wenn ein Mädchen initiativ geworden ist und sich einen Burschen geangelt hat, dann sagt man: Die hat ihm d'Haftl neighaut. Frei übersetzt heißt das: Der arme Teufel steht schon jetzt unter dem Pantoffel. Und wenn der Fußballprofi Ailton über sein Erfolgsgeheimnis als Stürmer gerne sagte: „Musse kosentrier ...", dann zeigt das, dass auch ein Fußballer bisweilen genau aufpassen muss wie einst ein Haftlmacher.

himatzen

Vorbote eines Gewitters ist häufig ein Wetterleuchten, das wiederholt am Himmel aufflackert. Wenn es blitzt oder wetterleuchtet, dann gebraucht man in Altbayern vereinzelt noch das alte Verbum himatzen (hiamatzn): „Gleich wird's hiamatzn." Es ist ein sprachgeschichtlich sehr interessantes Wort. Im Bairischen gibt es eine Reihe von Verben, welche die mittelhochdeutschen Endungen -itzen, -etzen und -atzen besitzen. Wie der Sprachforscher Johann Andreas Schmeller schon im frühen 19. Jahrhundert erkannt hatte, drücken solche Verben das Wiederholen einer Bewegung oder eines Lautes aus. Wo es hiamatzt, wird es bald achatzn, also donnern. Eigentlich achatzt ein Mensch, wenn er ächzt und stöhnt, aber für die alten Bauern achatzte eben auch ein Gewitter. Es gibt noch viele weitere diesbezügliche Verben wie zum Beispiel schliefatzn (gehen, ohne die Füße zu heben), gnaratzn (wenn die Tür oder ein Schuh knarzt) oder begatzn (klagen, sich beschweren).

rasseln

Als das Zweite Deutsche Fernsehen (ZDF) für seine Unterhaltungssendung „Leute, Leute" eine Altersgrenze von 69 Jahren für das Studiopublikum einführen wollte, orientierte sich der Sender vermutlich am Diktum der Kabarettistin Monika Gruber, wonach alte Männer, denen Haare aus der Nase und den Ohren wachsen, auch noch hundeln – also riechen wie die Hunde.

Das Wort hundeln ist in seiner Bildhaftigkeit typisch bairisch. Gerade im Themenbereich Riechen-Rasseln-Stinken bietet der Dialekt mannigfaltige Varianten. Josef Fendl listet in seinem Buch „Gedanken am Ufer" jede Menge Synonyme für das Verb rasseln auf: schoaßeln, kaasln, knofln, wujdln, ranzln, fischln, muffln, soachln, doudln. Als der Gemeinderat von Konzell seinen Kindergarten „Rasselbande" nennen wollte, intervenierte der Sprachschützer Sepp Obermeier mit dem Argument, dass es nicht nur das Rasseln mit dunklem A gibt (scheppern), sondern auch jenes mit hellem A (für Schweiß- und Uringestank).

Und im Zwieseler Winkel bedeute das Wort Rasselbinder nichts anderes als Gesindel. Deshalb sei dieser Name für einen Kindergarten nicht tragbar, argumentierte Obermeier. Das klinge ja wie Hosenbieslerbande. Schweren Herzens nahm der Gemeinderat vom Namen Rasselbande Abstand.

Spezi

Das *Bayerwald-Echo* hat über den 80-jährigen Stelzer Sepp berichtet, der in Cham einen Maibaum aufgestellt hatte. Geholfen hatte ihm dabei der Groitl Richard, den der Reporter als „Stelzers Kumpel" benannt hat. Besser als mit dem Ruhrpott-Begriff Kumpel hätte das Blatt den Sprachwandel in Bayern nicht dokumentieren können. Zum Glück ist der Stelzer Sepp noch nicht zum Jupp mutiert. Im Bayerischen Wald hat das Wort Kumpel nach Ansicht des Fördervereins Bairische Sprache und Dialekte kein Fundament, eigentlich dürfte es stattdessen nur ein Wort geben: den Spezl oder den Spezi. Dieses uralte bairische Stammwort hat noch lateinische Wurzeln (amicus specialis, der besondere Freund). Politiker haben das Wort wegen ihres Hangs zur Spezlwirtschaft leider diskreditiert. Im Übrigen ist der Spezi auch noch ein beliebtes Mixgetränk aus Cola und Orangenkracherl.

Sucht

Wenn das Wetter nicht so recht weiß, was es will, wenn man hin- und hergerissen ist zwischen Wärme und Kälte, dann reagiert so mancher Wetterfühlige mit einer Erkältung oder gar einer Grippe. Im ländlichen Bayern wird da nicht so genau unterschieden.

Alle Seuchen und viele Krankheiten werden unter dem Oberbegriff Sucht zusammengefasst. Besonders die Grippe wird gerne auch Sucht(n) genannt. Dann heißt es: „Im Kindergarten geht d'Sucht um." Oder: „Was fehlt denn dem Franz?" „Der is a weng suchtig! Den hat d'Sucht derwischt." Als Sucht wird auch eine üble Angewohnheit, eine Untugend oder schlechte Laune bezeichnet. „Was der plötzlich für Suchtn hat!", sagt man dann, oder: „Gewöhn dir keine solchen Suchtn an!"

vergeben

Im Frühjahr 2012 ist im Bayerischen Wald das Luchsweiberl Tessa tot aufgefunden worden. Die Empörung in der Bevölkerung war groß, denn das unter Artenschutz stehende Tier war von einem Unbekannten vergiftet worden. Der schändliche Anschlag erinnert indessen an ein Wort, das wir eigentlich in einer anderen Bedeutung kennen. Es geht um das Verb vergeben, das wir zum Beispiel beim Vater-unser-Gebet hören: „ ... und vergib uns unsere Schuld!" In der Champions League kommt es gelegentlich vor, dass sogar ein Welt-Fußballer wie Lionel Messi einen Elfmeter vergibt. Leider wurde auch der armen Tessa vergeben, aber im negativen Sinn, nämlich mit Gift. Diese Bedeutung „mit Gift vergeben" kennen wohl nur noch ältere Menschen auf dem Land. „I glaab, im Keller hamma Meis. Dene müassma glei vogehm!" (Ich glaube, im Keller sind Mäuse. Denen müssen wir schnell vergeben). In Wolfgang Asenhubers Roman „Leichengeschäft" (1985) kommt das Verb vergeben im Sinne von vergiften sogar zu literarischen Ehren: „Mit den Ratzen haben wir nie Schwierigkeiten ghabt, weil ich die Plätze genau kennt hab, wo ich das Gift hintun muss. Wieviel ich da vergeben hab: jedes Jahr ein paar Tausend."

Einst war diese Wortbedeutung auch im Hochdeutschen gang und gäbe, was beispielsweise ein Blick in „Adelungs Wörterbuch der Hochdeutschen Mundart" von 1801 belegt: „Gift beibringen und dadurch tödten; durch Gift hinrichten." Im Bairischen wird das Verb vergeben mit dem Dativ verknüpft. „I muas a de Ratzn vogehm." Das bei vergeben zu beobachtende Phänomen, dass ein Wort auch das Gegenteil bedeuten kann, gibt es ansonsten nur in Sprachen wie dem Chinesischen. Also obacht, wenn auf dem Land jemand sagt: „Dir vogib i glei!" (pass bloß auf, dir vergebe ich gleich!).

verhunakeln

Der Sprachwandel bringt mit sich, dass viele bayerische Ortsnamen falsch intoniert werden. Häufig widerfährt dies dem Ortsnamen Ruhpolding. Die richtige Betonung liegt auf der Vorsilbe Ruh-, nicht auf -polding, was viele Zuagroaste nicht glauben wollen. Im Dialekt heißt der Ort Ruapading, auch hier wird die erste Silbe betont. Auch die Bahnbetriebe fördern die Verhunzung der Ortsnamen, wenn sie zum Beispiel Schwindegg (Kreis Mühldorf) auf der ersten statt auf der zweiten Silbe betonen und Issmaning statt Ismaning proklamieren und die Namen damit verhunakeln. Dieses Verb kommt nur selten zu Ehren, ist aber dennoch omnipräsent, etwa im Schwäbischen, wo man verhonaggla sagt. In der Literatur ist es durch Anna Wimschneider zu Ehren gekommen, die 1984 in ihrem Roman „Herbstmilch" schrieb: „… hat sie die Worte so verhunakelt, daß die Leute nur mühsam das Lachen verbeißen konnten." Verhunakeln bedeutet zerstören, verhunzen, verschandeln, wobei dieses Wort schon beim Sprechen spüren lässt, dass etwas schief läuft.

vom Boa weg

Ein niederbayerischer Stadtbaumeister kommentierte die Bausubstanz eines Kindergartens mit dem Spruch: „Da fehlt's ja vom Boa weg!" Eine junge Reporterin, des Bairischen nicht mächtig, übersetzte: „Da fehlt es vom Bein weg." Leider lag sie damit falsch. Das Bein spielt hier nämlich keine Rolle, eher das Gebein oder das Boandl, wie es im Wort Boandlkramer vorkommt. Der Baumeister wollte sagen: „Da fehlt es von Grund auf." In Niederbayern heißt es in solchen Fällen auch: „Bei dem fehlt's am Ambaschua." Der Volksmusiker Erich Sepp kennt den Hintergrund dieser Wendung: Ambaschua ist bairisches Französisch aus der Musikantensprache (embouchure bedeutet Mundöffnung, Mundstück). Wer also beim Hineinblasen in ein Instrument die Lippen falsch bewegt, der hat keinen Ambaschua. „Da fehlt es am Lippenansatz." Im Wörterbuch von Ringseis ist als Alternative zu lesen: „Da fehlt's an der Brandsoin" (die fußnächste Schicht eines Schuhs). Das heißt: „Da liegt vieles im Argen."

Wetterläuten

Das Wort Wetter hat in Bayern eine doppelte Bedeutung. Es steht für die allgemeine Wetterlage („heute erwarten wir gutes Wetter"), meint speziell aber das Gewitter. Wenn Landwirte, die erfahrene Wetterbeobachter sind, sagen: „Da steht ein Wetter hint", ist das bedeutungsschwerer, als es klingt. Man spürt bei diesen Worten förmlich die Gefahr, die sich am Horizont zusammenballt und die dunkle Macht, welche Haus und Hof bedroht. Früher waren die Menschen den Naturgewalten ja hilflos ausgeliefert. In Zeiten ohne Blitzableiter und Hagelversicherung war jedes Gewitter existenzgefährdend. Höchste Zeit, die Wetterkerze anzuzünden, um die Vernichtung der Ernte oder einen Blitzeinschlag ins Haus abzuwehren. Diese geweihte Hauskerze wird nur hervorgeholt, wenn es zu donnern beginnt, wenn die „Wödaschwüln" sich entlädt. So lautet ein Gedicht der Bayerwalddichterin Emerenz Meier, in dem sie dieses Naturphänomen so ergreifend beschreibt, dass es dem Leser unter die Haut geht („mi würgt der Wind, mi druckt der Tag"). In manchen Pfarreien läuten bei Blitz und Donner seit altersher die Kirchenglocken. Wenn ein Gewitter heraufzieht, eilt der Dorfener Mesner Herbert Moser sofort zur Kirche und läutet die schwere Christusglocke, um Blitz und Hagel zu vertreiben. Das hat mit der uralten Vorstellung zu tun, die Wetterdämonen nähmen vor der geweihten Glocke Reißaus. Viele glauben sogar, dass die Schallwellen der Glocke die Gewitterfronten ablenken, was die Naturwissenschaftler allerdings als Unsinn abtun. Zeitgemäß ist der Brauch des Wetterläutens aber nicht mehr. Populärer ist der

Wettersegen, der während der Erntemonate erfleht wird: „Vor Blitz, Hagel und Ungewitter bewahre uns oh Herr!" Die Chinesen vertrauen indessen weniger auf die Kirche als auf die Stärke ihrer Waffen. Bei den Olympischen Spielen in Peking (2008) schossen sie Raketen in die Regenwolken – und verjagten sie tatsächlich.

wia d'Sau

Wenn die Ferien beginnen, sind die in Richtung Süden führenden Autobahnen in der Regel verstopft. Zum Leidwesen der Urlauber, die ja so schnell wie möglich in ihrem sonnigen Feriendomizil ankommen wollen. In Bayern sagt man dazu: Es pressiert ihnen wia d'Sau. Diese Wendung ist ein schönes Beispiel für die Bildhaftigkeit des bayerischen Idioms. Wia d'Sau bedeutet ungewöhnlich oder überdurchschnittlich. Es drückt eine Steigerungsform gegenüber dem Normalzustand aus und wird gerne auf das Wetter angewendet: „Draußen ist es kalt wie d'Sau!"

Bei einem Wolkenbruch sagt der Bayer nicht: Es regnet, sondern: es schüttet wia d'Sau oder gar, wie in Markus H. Rosenmüllers Erfolgsfilm „Wer früher stirbt, ist länger tot", es schifft wia d'Sau. Vermutlich hat das auch die Hamburger Wochenzeitung *Die Zeit* gehört, die einen Artikel über die Schrecken der Agrarindustrie mit folgender Überschrift versah: „Auf dem Hof von Ökobauer Sepp Braun nahe Freising dampft der Kompost – wia d'Sau."

Die Wendung ist variabel in allen Lebenslagen einsetzbar, selbst auf dem seriösen Feld der Finanzpolitik. Der Kämmerer der im Landkreis Ebersberg gelegenen Gemeinde Zorneding sagte einmal in einem Zeitungsinterview: „Außerdem haben wir seit 1971 investiert wia d'Sau." Die Steigerungsform wird bei rasenden Autofahrern angewendet. Wenn einer „fährt wie eine gesengte Sau", dann klingt das aber nicht mehr anerkennend, sondern zornig.

Eine ziselierte Fortentwicklung ist der Facki-Rap des Kabarett-Duos „Da Bertl und i", wobei Facki als Dialektform des Wortes Ferkel zu verstehen ist. Dort singen sie: „In da Drecklagga flagga is a Gaudi wie d'Sau." Übersetzt: In einer dreckigen Pfütze zu liegen, ist eine Schweinsgaudi. Wer sich Vergnügungen dieser Art hingibt, der vererbt dieses Gen in der Regel weiter, das ist wohl ein Naturgesetz, das die Kabarettistin Monika Gruber zeitlos auf den Punkt gebracht hat: „Wia d'Sau, so b'Facki!"

Wimmerl

Ähnlich klingend, hat das Wimmerl mit dem Wammerl dennoch nichts zu tun. Das Wammerl lässt einem das Wasser im Mund zusammenlaufen, das Wimmerl treibt einem Jugendlichen eher den Schweiß auf die Stirn. Das hat die Kabarettistin Martina Schwarzmann zur Genüge erlebt. Karottenjeans haben ihre Jugendzeit begleitet, dazu eine „Scheißfrisur und Wimmerl im Gesicht." Freilich, Wimmerl können immer und überall auftreten, das behauptet jedenfalls die Autorin Rita Falk in ihrem Regionalkrimi „Winterkartoffelknödel" (2010): „Lass die Händ' weg von deinem Schniedl, weil: da kriegst Wimmerl." Gemeint sind Hauterhebungen, die man schriftsprachlich als Bläschen, Pusteln oder Pickel bezeichnet. Im Dialekt aber sagt man Blaserl oder eben Wimmerl. Wer je eine richtige Pubertät durchlebt hat, der hat auf seiner Haut gewiss auch Wimmerl ausgedrückt. Das Frühneuhochdeutsche kennt den Begriff Wimmer für hervorwölbende Erhebungen, etwa für einen Auswuchs im Holz oder für Warzen. Auch das Gürteltascherl von Wanderern und Skifahrern, in dem der Proviant verstaut ist, heißt Wimmerl. Und wenn jemand nervt, dann nennt ihn der Volksmund „ein lästigs Wimmerl". Neuerdings gibt es sogar Wiesn-Wimmerl als Accessoire fürs Oktoberfest und Disco-Wimmerl für Nachtschwärmer.

zeam

Aus Anlass eines runden Geburtstags der Schauspielerin Cleo Kretschmer hat das Bayerische Fernsehen den nostalgische Gefühle weckenden Spielfilm „Amore" von 1978 ausgestrahlt. Kretschmer spielte in dem von Klaus Lemke gedrehten Streifen die

Hauptrolle. Wer das München der 70er Jahre noch aus eigener Anschauung kennt, dem kommen bei diesem Film fast die Tränen. Unglaublich, wie bayerisch München damals noch war und wie herrlich italienisch. Peter Kienberger tritt in „Amore" als Cleos Vater auf, und als solcher sagt er, als die Tochter nach einer durchfeierten Nacht zum Frühstück erscheint: „Ja host du heut einen Rausch, ja **zeam** sog i." In den 70er Jahren war also das alte Adjektiv „zeam" in München noch gebräuchlich. Dessen Wurzeln reichen wohl bis zum althochdeutschen „gizâmi" zurück. **Zeam** drückt ein starkes bayerisches Gefühl aus. Das Wörterbuch von Ringseis sagt dazu: zünftig, bodenständig, urwüchsig, gemütlich. „Heit iss **zeam**" heißt: Heute ist es zünftig. „A zeame Musik" klingt angenehm. Als der Vater im Film Cleos Zustand als **zeam** bezeichnet, vergönnt er ihr den Rausch von Herzen. „Ich war ja auch einmal jung", sagten damals tolerante Väter, die selber gerne ins Wirtshaus gingen.

BRAUCH & GLAUBE

Bor

Dult

Göd und Godn

Hawedehre

Ibidum und Oxdradium

Jessasmaria

Kirta

Kirtanudel

Kirtahutschn

Kärwa

Leich

Beuschelleich

Ludlflascherl

Mettn

Seelenwecken

Servus

Bor

In Rennertshofen (Landkreis Neuburg-Schroben-
hausen) hatte sich ein Pärchen auf der Empore der
Kirche geschlechtlichen Genüssen hingegeben und
wurde dabei auch noch erwischt. Die heikle An-
gelegenheit wurde vor Gericht geregelt, und siehe
da: Der wollüstige Liebhaber verlor seine feste
Stelle bei der Polizei. Im Schutz der Empore haben
sich indessen schon viele danebenbenommen. Auf
dem Land führen die Männer dort während der
Messe gerne private Gespräche, die mitunter die
Intensität von Wirtshausdiskursen annehmen.
Manchmal muss der Pfarrer die Hitzköpfe mit
mahnenden Worten bremsen. Der auf den Dörfern
noch gängige Begriff für Empore lautet übrigens
Bor. Es ist ein interessantes Relikt aus dem Mittelhochdeutschen, in dem das uralte Wort „Bo"
(Höhe) steckt. Die Borkirche ist also der obere
Kirchenraum. Ein altes Synonym für Bor ist Bol-
lahm (Borlaube).

Dult

Eines der interessantesten bairischen Wörter heißt Dult. Wer ihm nachspüren will, der sollte nach Landshut fahren, wo alljährlich im August die Barthlmädult gefeiert wird. Dass man hier nicht von einem Volksfest spricht, sondern von einer Dult, weist auf das hohe Alter dieses Festes hin. Tatsächlich existiert die Landshuter Barthlmädult schon seit 1339. Das Wort Dult (die Altbayern sagen Duit) ist noch gotischen Ursprungs und damit so etwas wie ein Sprachdenkmal. Laut Schmeller war die Dult (althochdeutsch „tuld") ursprünglich ein Kirchenfest. Als man im 13. Jahrhundert begann, rund um die Kirchen Warenstände zu errichten, verwandelten sich die Dulten langsam in Jahrmärkte. Wie breit deren Vergnügungsspektrum war, deutet Schmeller an, indem er einen Volksvers überliefert, der die Dult auf der Alm thematisiert, gleichsam als Vorgeplänkel für spätere Unterhaltungsfilmchen wie „Auf der Alm, da gibt's koa Sünd":

„Auf da Albm obm is lusti
Is gar alleweil Duld
Wenn s Dianal koa Jungfrau is
Bin i net schuld."

Noch bekannter als die Landshuter Barthlmädult ist die Auer Dult in München, die schon 1310
erstmals belegt ist. Sie findet sogar dreimal im Jahr
statt: zuerst als Maidult, im Juli dann als Jakobi-
dult und im Oktober als Kirchweihdult. Die Auer
Dult ist noch erfüllt von der alten Jahrmarktsat-
mosphäre mit Kunst und Krempel, Trödel, Kitsch
und Haushaltswaren. Auch die bei den Dulten
in Eggenfelden, Passau, Altötting, Regensburg,
Simbach am Inn, Amberg und Augsburg präsen-
tierte Mischung aus Volksfest und altem Jahrmarkt
kommt beim Publikum nach wie vor gut an. Der
ehemalige Oberstudiendirektor Max Zierl aus
Pentling bei Regensburg sagt, er habe als Schüler
auf dem humanistischen Gymnasium in Straubing
gelernt, dass Dult vom lateinischen Verb „indul-
geo, indultum (nachsichtig sein) = Gnade, Ablass"
herstamme. Der Messbesuch an den Kirchenfesten

und anschließenden Jahrmärkten sei in der Regel verbunden gewesen mit dem Ablegen der Beichte, bei der die Gläubigen einen Nachlass ihrer Sünden erlangten. „Eigentlich plausibel", sagt Zierl.

Göd und Godn

In Altbayern war das Wort Pate lange Zeit nicht gebräuchlich, denn hier sagt man zum Tauf- oder Firmpaten seit eh und je Göd (Ged) und zur Patin Godn. Den Göd findet man in ähnlicher Form freilich auch anderswo. Als „Got" kennt man ihn vom Westerwald bis in das Saarland. Gote und Godel sind auch in Hessen populär, der Jött ist die Kölner Variante des Göd. Tauf- und Firmpaten besaßen früher eine herausragende Stellung, manchmal trat der Name Godn sogar an die Stelle des Eigennamens. Die schon vor langem gestorbene Anna Gillhuber aus der Vilsbiburger Gegend kannte zum Beispiel jeder nur als Godn, erst bei ihrer Beerdigung erfuhren die meisten, dass sie eigentlich Anna hieß. Der Münchner Autor Robert Hültner verschuf dem

Namen Godn sogar literarischen Ruhm, indem er einen seiner Kriminalromane „Die Godin" nannte. Manchmal wurde auch das Patenkind als Göd oder Godl bezeichnet. Schmeller brachte einst folgendes Sprichwort als Beleg: „rassi Godl, hantichi Godl". Es beschreibt ein Mädchen mit scharfer Zunge und verletzendem Mundwerk.

Hawedehre

Vor einiger Zeit hatte ein Münchner Schüler seine Lehrerin mit „Servus" begrüßt, dafür einen Verweis kassiert und damit die öffentliche Aufmerksamkeit wieder einmal auf die bayerische und österreichische Grußkultur gelenkt. Hier hat der Brauch des Grüßens eine Fülle an herrlichen Wörtern und Höflichkeitsformeln hervorgebracht. Sich zunehmend am Wortschatz des Fernsehens orientierend, haben die Bayern jedoch vieles davon verdrängt und sich das Tschüss- und Hallo-Einerlei einverleibt. Zu jenen Grußworten, die allmählich ins Abseits rutschen, zählt das altehrwürdige

„Hawedehre", das in der Jugendsprache gerne zu „Dehre" verkürzt wird. Früher begrüßte man auf diese Weise vor allem höhergestellte Persönlichkeiten: „Hawedehre Herr Hofrat! Hawedehre Frau Ministerin!" Das hieß nichts anderes als: „Ich habe die Ehre, Sie zu begrüßen." Dass der Gruß in annähernd schriftsprachlicher Form erfolgte (Hawedehre, Habedehre statt Hobdehre), war für so manchen Dialektexperten ein Beleg für die These, dass ihn das Volk den vornehmen Kreisen abgelauscht hat. Hawedehre kann übrigens auch ein körperlicher Zustand sein, dann wird das Wort adverbiell gebraucht. Wer ganz hawedehre auf dem Kanapee liegt, der zeigt Symptome der Ermattung, Ermüdung oder gar der Erschöpfung. Er vermag also nur noch einen letzten Abschiedsgruß zu hauchen.

Ibidum und Oxdradium

Am 1. April werden leichtgläubige Menschen nach altem Herkommen gerne in den April geschickt. Schon der Barockprediger Abraham a Sancta Clara (1644-1709) hatte seine Mitbürger vor den Umtrieben an diesem gefährlichen Tag gewarnt: „Heut ist der erste April, da schickt man den Narren, wohin man will." Die klassischen Aprilscherze sind jedoch aus der Mode geraten. Früher schickte man Kinder mit einem Fünferl in die Apotheke oder in den Kramerladen, wo sie ein Packerl Ibidum holen sollten. Ibidum ist ein fiktives Wort, das sich höchst wissenschaftlich anhört, aber nichts anderes heißt als: I bi dumm (Ich bin dumm). Wenn dem Opfer des Aprilscherzes endlich die Erleuchtung kam, war das Gespött groß. War der Auftraggeber großzügig, dann durfte sich sein Opfer als Entschädigung für die Blamage etwas Süßes kaufen. Kinder und Lehrbuben wurden aber nicht nur losgeschickt, um Ibidum zu holen, sondern auch Binisodum (Bin ich so dumm) oder gar Oxdradium (Ochse, dreh dich um), Haumiblau (Hau mich blau) und Owidum-Tropfen (Oh wie dumm). Dies funktionierte natürlich noch besser, wenn das Opfer den Dialekt nicht verstand. Als Dreingabe sollten die Gefoppten auch noch

Gewichte für die Wasserwaage, Vierkantkugeln und sogar einen Sack Pressluft mitbringen. Wer auf solche Scherze blind hereinfiel, wurde zwangsweise als Aprilochs verspottet. Dementsprechend heißt der 1. April im Englischen „All fools's day" (Aller Narren Tag). In Frankreich heißen die Genarrten nicht Aprilochsen, sondern Aprilfische, weil man ihnen heimlich Pappfische auf den Rücken klebt. Mittlerweile haben sich die Aprilscherze überwiegend ins Internet und in die sozialen Netzwerke verlagert, wo sie aber bei weitem nicht mehr so lustig wirken wie einst im wirklichen Leben.

Jessasmaria

Das katholische Bayern feiert jedes Jahr am 15. August das Fest Mariä Himmelfahrt, am 8. September folgt Mariä Geburt und am 8. Dezember Mariä Empfängnis. Im Freistaat hat die Marienverehrung eine lange und ehrwürdige Tradition. Unzählige Wallfahrtsorte, Kirchen und Kapellen stehen unter dem Patronat der Gottesmutter, selbst in einer Reihe von Ortsnamen ist ihr Name vorangestellt: Maria Thalheim, Maria Dorfen, Maria Vesperbild, Mariaposching. Die beliebte und häufig anzutreffende Bezeichnung Mariahilf belegt, dass die Landespatronin Maria (Patrona Bavariae) häufig in Notzeiten angefleht wurde. In Bayern wird ihr Name aber auch in Momenten der Verwunderung oder gar des Unglücks ausgerufen. „Heilige Maria!", ruft der Betroffene in solchen Fällen mit oft gespieltem Entsetzen, wobei er das Adjektiv meistens stark betont und in die Länge zieht: „Heiiiilige Maria". Noch beliebter ist das verbale Wehklagen in Verbindung mit dem Namen ihres Sohnes Jesus: „Jessasmaria". Hier legt der Sprecher das Gewicht vor allem auf das wirkungsvolle Jessas, wenn er sein Erschrecken zum Ausdruck bringt: „Jessasmaria, jetzt wird's schon wieder Herbst!" oder: „Jessasmaria, es wird doch nix passiert sein!" Häufig neigt der Bayer dazu, auch noch den Josef anzuhängen, also den Mann der Maria: „Jesusmariaundjosef". Es geht auch kürzer und heißt dann: „Jessmariandjosef". Weil sich die braven Menschen früher nicht trauten, den Namen Jesus lästerlich auszusprechen, wandten sie einen Trick an und verzerrten ihn lautlich zu Jessas. Bisweilen hört man auch die Erweiterungsform „Jessasna" (Betonung auf „na"). Eine noch stärkere Verballhornung ist der Ausruf „Jeckerlna", der nicht vom kölnischen Jeck herrührt, sondern vom himmlischen Jesus.

Kirta

Schon das 1789 erschienene Wörterbuch von Andreas Zaupser enthält das Wort Kirta (Kirchweih). Damals war die Kirchweih ein zentrales Fest im Jahreslauf. Bis 1866 feierte jedes Dorf seinen eigenen Kirta, und zwar am Festtag des jeweiligen Kirchenpatrons. Dadurch nahm die Zahl der Feiertage überhand. Deshalb wurde die „Dorfkirchweih" auf einen zentralen Termin verlegt, nämlich auf den dritten Sonntag im Oktober.

Kirta ist die mundartliche Form für Kirchweihtag, deshalb heißt es „der Kirta", aber „die Kirchweih". Heutzutage ist der Kirta ein weitgehend kommerzialisiertes Fest, ausgerichtet von Wirtshäusern und Möbelgiganten. Auch Kirtamärkte sind beliebt, der „blutige Kirta" gehört jedoch der Vergangenheit an. Einst waren an Kirchweih Raufereien obligatorisch, denn es wurde oft maßlos gegessen und getrunken, gemäß dem Spruch: „A gscheida Kirta / dauert bis zum Irta (Dienstag) / es ko sich aa schicka / glei bis zum Micka (Mittwoch)."

Kirtanudel

„In zweimal 24 Stunden wurde verzehrt, was auf ein Vierteljahr zur guten Subsistenz einer Familie hingereicht hätte", heißt es in einer Chronik vom Ammersee über den Kirtaschmaus. Es gab Fleisch und Beilagen in rauen Mengen, und als Nachspeise gehaltvolle und fette Küchl, die Kirtanudeln, denen die Dellnhauser Musikanten sogar ein Lied gewidmet haben.

Kirtahutschn

Sie ist selten geworden, aber die Kirtahutschn ist immer noch ein lustiges Vergnügen. Mitten in die Wortwechsel über Gäule und Gerste platzte früher der treibende Rhythmus der Tanzmusik hinein, ein Stampfen und Juchzen, das sich auf der Kirtahutschn vollendete. Diese bestand aus einem Holzbrett, das mit zwei Ketten an einem Scheunenbalken befestigt war. Wild kreischten die Mädchen, wenn ihre Verehrer die Schaukel bis zum Dachbalken hinauf trieben. Historische Quellen belegen, was sich anschließend nicht vermeiden ließ – der Staudenkirta: Im Dickicht der Stauden lagen die Paare, Aphroditen Opfer bringend.

Kärwa

Nördlich der Donau sagt man zur Kirchweih Kirwa oder Kärwa. Die Sankt-Michaelis-Kirchweih in Fürth, Kärwa genannt, ist eines der größten Volksfeste in Franken – mit mehr als einer Million Besuchern.

Leich

In seiner Erzählung „Leichenbegängnis" schildert Wilhelm Dieß (1884–1957) das Begräbnis der Wimmerbäuerin Therese Höber und die damit einhergehende Rutschfahrt eines Sarges und seiner Träger auf eisglatter Straße. „Ihr Sohn hat eine große Leich bestellt", schreibt Dieß einleitend und verwendet hier eine Besonderheit der bairischen Sprache, die nicht mehr jedermann geläufig sein dürfte. Das Wort Leich benennt im Dialekt nämlich nicht nur den Leichnam, sondern auch das Begräbnis als solches.

Am eingängigsten kommt dies in dem Begriff „a schöne Leich" zum Ausdruck, der summarisch darstellt, dass die Beerdigung schön, würdig und angemessen war und mit dem nachfolgenden Leichentrunk ein tröstliches, bisweilen sogar lustiges Ende fand. Derjenige, der als Leich herhalten muss, sieht das naturgemäß etwas anders. „Was hilft ma-r-a schöne Leich, wenn i da Tote bin", lautet ein gängiger bayerischer Volksspruch.

Im 17. Jahrhundert ist die Verwendung des

Wortes Leich für das Leichenbegängnis amtlich belegt. „Lich" bedeutete schon im Mittelalter Leiche und Begräbnis. Auf dem Land sagt man zur Leich manchmal auch Leicht, das angehängte „euphonische t" soll vermutlich die Bitternis dieses Wortes abmildern. „Mit der Leicht geh" oder „auf d'Leicht geh" heißt dementsprechend: an einer Beerdigung teilnehmen. Wenn man einem Mitmenschen drohen will, dann sagt man heute noch: „Dir geh ich nicht auf d'Leich."

Beuschelleich

Der Österreicher Kurt Palm lässt in seinem Provinzkrimi „Bad Fucking" eine Frau Rosi nach einem Todesfall unken: „Na, hoffentlich wird's keine Beuschelleich." Das Wort Beuschel hört man vor allem in der bayerischen und österreichischen Küche. Es ist ein Sammelwort für Fleischwaren wie Lunge und sonstige Innereien. Ein Gericht aus Innereien ist also auf einer schönen Leich eher verpönt.

Ludlflascherl

Die 1984 gestorbene Münchner Schriftstellerin Carlamaria Heim hat seinerzeit unter anderem die Lebenserinnerungen ihrer Mutter herausgegeben, wofür sie mit dem Tukan-Preis ausgezeichnet wurde. Das grandiose Buch trägt den Titel „Josefa Halbinger – Jahrgang 1900" und ermöglicht einen tiefen Einblick in das Leben Münchner Arbeiterfamilien von 1900 bis etwa 1960. Auch längst vergessene Wörter sind dort dokumentiert, etwa das Ludlflascherl. In dem Buch erklärt Josefa Halbinger, die 1973 gestorben ist, den Begriff ganz verschmitzt auf ihre Weise: „So hat mich die Mutter mit Malzkaffee aufgezogen. Den hat's in die Ludlflaschen getan, so hat man damals die Milchflaschen für die kleinen Kinder geheißen ... Später hat mir mein Vater einmal Bier in die Ludlflaschen getan und hat sich recht gefreut, weil ich gleich fest gezogen hab. Er hat gesagt: Das wird ein echtes Münchner Kindl."

Mettn

Papst Benedikt XVI. hat während der Christmette 2011 im Petersdom die Kommerzialisierung des Weihnachtsfestes beklagt. Die Christmette selber, ein Höhepunkt des Kirchenjahres, ist vom Kommerz zwar noch nicht kontaminiert, besitzt aber eine kuriose etymologische Geschichte. Im Bairischen heißt die Christmette kurz und bündig Mettn (das „e" wird hell gesprochen, wie bei Schnee). Das Wort, das mit dem Christentum in den bayerischen Sprachraum gelangt ist, wurzelt im lateinischen hora matutina (der Morgen). Daraus wurde im Althochdeutschen mattina und im Mittelhochdeutschen mettine.

Von da aus war es nicht mehr weit bis zur Mettn. Dieses Wort wird in Bayern aber noch in einer weiteren Bedeutung gebraucht, die alles andere als gottesdienstlich klingt. Wenn die Kinder eine Mettn machen, dann heißt das: Sie poltern, plärren und kreischen wie die Wilden. „Der Begriff des Lärmens ist mit dem der Mettn so sehr verschwistert geblieben, dass dieses Wort in den meisten Fällen schlechthin statt Getöse, Gepolter, Geschrey gebraucht wird", schreibt schon Schmeller in seinem Wörterbuch (1827) und erwähnt dabei auch die Erweiterungen Teufels-Mettn und bsoffane Mettn.

Wenn Mettn Lärm bedeutet, dann steckt ein alter christlicher Ritus dahinter, die bereits erwähnten horae matutinae. Das waren Frühgottesdienste in der Karwoche, bei denen die Kirchgänger mit Stöcken und Steinen gegen die Kirchenbänke schlugen, damit der Verräter Judas erschreckt werde. Heutzutage lebt dieser Brauch in der knatternden Ratschn fort, welche in der Karwoche den Dienst der Glocken ersetzt. Diese Lärmerei hinterließ bei den Kirchgängern einen so starken Eindruck, dass die Mettn zum Zeitbegriff wurde. Laut einer Münchner Bäckerordnung von 1420 durfte „zwischen den weinglocken und der mettn" nicht gebacken werden. Schmeller vermutet, dass da die Zeit zwischen Abend und Mitternacht gemeint ist.

Seelenwecken

Auf dem Land gibt es noch traditionsbewusste Bäckereien, die für Allerheiligen ein spezielles Backwerk herstellen. In der Bevölkerung sind diese Köstlichkeiten als „Sellaweck" oder Seelenwecken bekannt. Andreas Zaupser erwähnte schon 1789, dass die Paten dem Kinde am Allerseelentage einen Seelenwecken schenken. Früher war der Seelenwecken ein Brot, das die Gestalt eines Haarzopfes hatte, denn man glaubte, der Sitz der Seele läge in den Haaren. Heute ist der Seelenwecken, in manchen Gegenden auch Spitzl oder Seelenmuckl genannt, meistens ein ovaler oder rautenförmiger Kuchen, mit Buttercreme oder Marmelade gefüllt und mit Blüten aus Zuckerguss und Marzipan verziert. Die eigentliche Bedeutung des Seelenweckens ist in Vergessenheit geraten. Als die Menschen von den Segnungen der Aufklärung noch unberührt waren, glaubten sie fest daran, dass die Armen Seelen, also die Seelen der Verstorbenen, am Allerseelentag zurückkehrten. Damit sie was zu essen hatten, wurden die Seelenwecken ans Grabkreuz gehängt. Nutznießer waren aber auch die Armen und Bedürftigen, die von Hof zu Hof zogen und einen Seelenwecken erbaten, für den sie sich mit einem „Vergelts Gott für die Armen Seelen" bedankten. Später veränderte sich der Brauch, nun schenkte der Taufpate seinem Patenkind einen Seelenwecken. Heute gibt es dazu oft noch einen Geldschein als Dreingabe. Trotzdem sieht es so aus, als hätten dieser Brauch und die anrührenden Seelenwecken keine lange Zukunft mehr.

Servus

Der beliebte Gruß „Servus" zählt zu den wenigen süddeutschen Wörtern, die sich auch im Norden einer gewissen Popularität erfreuen. Nicht zuletzt deshalb, weil sich Fernsehstars wie Thomas Gottschalk und Franz Beckenbauer vor einem Millionenpublikum häufig mit „Servus" begrüßt haben. Eine wunderbare Geschichte hat der Augsburger Harri Deiner erlebt, als er einmal einen Scheich zu Gast hatte. Der *Augsburger Allgemeinen* erzählte er danach: „Ich habe dann Salem Aleikum zu ihm gesagt und der Scheich hat Servus gesagt."

Das Wort kommt aus dem Lateinischen und bedeutet „gehorsamster Diener". Der Sprachforscher Johann Andreas Schmeller kannte „Servus" im frühen 19. Jahrhundert noch nicht. Der Gruß entstammt wohl dem Wiener Hofzeremoniell und verbreitete sich erst im Ersten Weltkrieg, als die Abschiedsgrüße „adje" und „ade" wegen ihres französischen Ursprungs nicht mehr opportun waren. Die Redaktion des Bayerischen Wörterbuchs nennt als Verbreitungsgebiet neben Bayern und Österreich die ehedem bayerische Rheinpfalz und das Gebiet der k.u.k. Monarchie. Die Ungarn sagen „Szervusz".

HAUS & HOF

ankenten

Arn und Kornmandl

Bulldog

Dietzel

Haferlschuh

Häusl

Kaibeziang

Klapperl

Klupperl

Leiterwagerl

Menscher

Potschamperl

Reindl

Sacherl

Schrot

Stiangglanderrass

Stranitze

ankenten

Wenn es kalt wird, ist auf dem Land gelegentlich noch das Verbum ankenten zu hören. „Jetzt muss ich den Ofen ankenten", sagt so manche Oma, wenn sie ein Feuer anzündet. „Kent den Adventskranz an!" bedeutet: Zünde eine Kerze am Adventskranz an. Der 2001 gestorbene Sprachforscher Michael Kollmer überlieferte in seinem Lexikon der Waldlersprache weitere Bedeutungen von ankenten: „Dem hams ankent (okent)", das hieß: Dem Bauern hat man das Haus oder die Scheune angezündet (niedergebrannt). „Der hat ankent (okent)" bedeutet: Der hat angezündet, Feuer gelegt (er ist der Brandstifter).

Für den 1992 gestorbenen Altphilologen Adam Härdl, einem Fachmann für lateinische Überreste im bairischen Dialekt, war es überhaupt keine Frage, dass ankenten vom unregelmäßigen lateinischen Verb accendere (accendi, accensum = anzünden, in Brand stecken) herkommt. Andere Forscher favorisieren die Ableitung von incendere (ebenfalls anzünden, in Brand setzen).

Tatsache ist, dass das Verb kenten wie auch Gred, aper und Bub zu den bairischen Kennwörtern zählt. Das heißt, diese Begriffe kommen nur im bairischen Dialekt vor. Der Dialektologe Ludwig Zehetner hält es für ein germanisches Reliktwort und verweist auf das englische „to kindle" (anzünden), was im Übrigen auch schon das 1792 erschienene Deutsche Provinzialwörterbuch tat. Dieses nennt neben ankenten auch die Form einkenten (einheizen) und führt den schönen Beleg auf: „Dös Zimmer is nöt zum kenten" – „Dieses Zimmer ist schwer zu heizen."

Arn und Kornmandl

Wenn auf dem Land die Erntezeit anbricht, wird dort weniger von der Ernte gesprochen als von der Arn, Aaan oder Aarnt – lauter Wörter, die noch Reste des Althochdeutschen in sich tragen (arnôn, ernten). Die Schwaben sprechen von der Äret, die Franken von der Kornernte oder vom Schnitt, der auch im Allgäu noch geläufig ist. Früher waren das die anstrengendsten Wochen des Jahres. Die Arbeit auf dem Feld war beinhart, die Hitze verlangte dem Körper alles ab, und wenn es regnete, dann klebte der Baaz wie ein Bleigewicht an den Füßen, und durchnässt wie sie waren, froren die Mäher jämmerlich. Sie mähten mit der Sense, während die Frauen das Getreide zu Garben banden, die sie zum Trocknen auf ein Holzgerüst stellten. Ein solches Kornmandl blieb stehen, bis das Stroh trocken war. Die Arn begann im Juli mit dem Mähen der Wintergerste. „Vom Wintergetreide wurden Mandl aufgestellt", schreibt Maria Hartl, die vor einem guten Jahrhundert auf einem Bauernhof aufgewachsen war, in ihren 1986 erschienenen Erinnerungen. Nach dem Krieg kamen die Mähbinder auf, mit deren Hilfe das Getreide maschinell gemäht und zu Garben gebunden wurde. Der Mähbinder wich dann bald dem Mähdrescher, spätestens von da an waren die Kornmandl nur noch ein nostalgisches Relikt. Bis dahin veränderten sie die bäuerliche Landschaft im großen Stil, über Hügel und Täler zogen sich ihre harmonisch gruppierten Reihen. Es war ein romantischer Sommeranblick, genau das Gegenteil der bedrückenden Gewerbegebiets-flächen von heute. Aber hinter der ländlichen Idylle von einst steckte jede Menge Dramatik. In den Kornmandln sollte das Getreide nicht nur trocknen, sondern auch ein bisschen nachreifen. Danach wurden die Ähren ausgeschlagen und das Stroh in die Scheune verfrachtet. Wenn das Wetter günstig war, dann trocknete das Getreide (Troad) auf dem Feld aus und konnte eingefahren werden. Regnete es aber so ausdauernd wie in so manchem Sommer, dann durchnässte es und es war um den Ertrag geschehen. Vor allem in den Unbilden des Wetters offenbarte sich das Elend des früheren Bauernlebens.

Bulldog

In Bayern erfreuen sich Oldtimer-Treffen, bei denen die Besucher unter anderem alte Traktoren bestaunen können, großer Beliebtheit. Auf dem Land werden diese Fahrzeuge Bulldog genannt. Interessant sind dabei nicht nur die bis zu 90 Jahre alten Maschinen, sondern auch das Wort Bulldog selber, das allgemein für einen urbayerischen Begriff gehalten wird, dies aber eigentlich nicht ist. Tatsächlich sind Synonyme wie Schlepper, Traktor oder Trecker in Bayern nicht sehr populär, auch wenn der Münchner Schauspieler Wolfgang Fierek 1985 einen Hit landete, der „Resi, i hol di mit meim Traktor ab" hieß. Der Chiemgauer Liedermacher Keller Steff beweist diesbezüglich eine größere Dialektkompetenz: Mit seinem ersten Album „Bulldogfahrer" hat er zudem einen großen Erfolg erzielt. Interessanterweise liegen auch die Wurzeln des Bulldogs im Chiemgau. Sein Erfinder war nämlich der Wasserburger Ingenieur Fritz Huber. Dieser hatte 1921 einen selbstfahrenden Schwerölmotor entwickelt, den Ur-Bulldog, der wegen seiner Robustheit eine beeindruckende Erfolgsgeschichte schreiben sollte: Bis in die 1950er Jahre stellte die Firma Heinrich Lanz AG in Mannheim Zehntausende Bulldog her (das Wort kennt kein Plural-s). Der Name rührt wohl daher, dass die ersten Bulldog-Motoren Ähnlichkeit mit dem Gesicht einer Bulldogge hatten. Die Lanz-Bulldog waren in Bayern so populär, dass schließlich alle Traktoren und Ackerschlepper so genannt wurden. Die Redaktion des Bayerischen Wörterbuchs verweist in diesem Zusammenhang auch auf das lustige Wort Himmibulldog, das als scherzhafte Bezeichnung für den Hubschrauber gebraucht wird. Da ein Bulldog ähnlich knattert wie ein Hubschrauber, hat man diesen Begriff im Volksmund einfach übertragen.

Dietzel

Als Volkspartei ist die CSU vielseitig aufgestellt, mittlerweile ist sie sogar in das Schnullergeschäft eingestiegen. Tatsächlich wird man beim Blick in den Werbemittelladen der Partei eines Schnullers gewahr, der im Begleittext als „Beruhigungssauger" tituliert und für 2,99 Euro angeboten wird. Dekoriert ist er mit einem bayerischen Löwen, von dem man nur hoffen kann, dass er den Säugling nicht in die Zunge beißt. Ungeachtet dessen beweist dieser Werbekrusch, dass hier die Landestradition ein bisserl in Vergessenheit geraten ist. Andernfalls hätte jemandem auffallen müssen, dass es in Bayern nie einen Schnuller gegeben hat, sondern nur einen Dietzel (Diezl, Duzl, Dietzi, österreichisch: Zuzel). Die bayerische Literatur kennt ausschließlich Dietzel und Duzl. Das waren ursprünglich kugelige Stofffetzerl, die in Zuckerwasser oder Bier getaucht oder gar mit Schlafmohn gefüllt wurden, damit sich der Säugling beruhigte. Andrea Maria Schenkel beschreibt den Dietzel-Gebrauch in ihrem 2006 erschienenen Roman „Tannöd": „Wie der Kleine zu weinen angefangen hat, hat ihn die Alte auf ihren Schoß gesetzt und ihm seinen Dutzl gegeben. Zuvor hat sie den Dutzl abgeschleckt und in die Zuckerdose, die auf dem Tisch stand, getunkt."

Auch im Plastikzeitalter haben die Dietzel ihren Namen behalten, weshalb die CSU mit dem Schnuller eine um sich greifende Ausdrucksweise pflegt, die das variantenreiche südliche Hochdeutsch durch Einheitsbegriffe aus dem öden Wortbaukasten des Fernsehens ersetzt. „Schnulleralarm und Wonneproppen", titelt ein südbayerisches Anzeigenblatt regelmäßig, wenn es eine Babyfoto-Aktion startet. Leider beweisen Zeitungen und Parteien, die sich sprachlich nur noch am sogenannten Mainstream orientieren, nicht immer nur Weltläufigkeit, sondern häufig auch eine fehlende Phantasie.

Haferlschuh

Die digitale Revolution hat viele Menschen in gläubige Jünger des Internets verwandelt. Ihnen fällt es sichtlich schwer, eine kritische Distanz zu diesem Medium zu wahren. Dabei wird sogar in seriös wirkenden Internet-Lexika und -foren jede Menge Schmarrn und viel Unwahres verzapft. Besonders die sogenannte Volksetymologie und der Aberglaube erleben im Internet eine wuchtige und zum Teil beängstigende Renaissance. So hat zum Beispiel ein schick aufgemotztes Schuh-Lexikon (lexikon-der-schuhe.de) behauptet, der urbayerische Begriff Haferlschuh sei vom englischen Ausdruck „half shoe" (halber Schuh) abgeleitet. Myriaden von Trachten- und Schuhgeschäften beten diese Theorie auf ihren Internetseiten nach und versuchen dies mit dem absurd klingenden Argument zu untermauern, der Name Haferlschuh habe nichts mit der Getreidesorte Hafer zu tun. Die Volksetymologie tischt dazu die Geschichte auf, britische Urlauber hätten beim Bergsteigen in den Alpen ihre Reitstiefel und ihre knöchelhohen Schuhe durch bequemere Halbschuhe mit fester Sohle und seitlicher Schnürung ersetzt, die sie angeblich als „half shoe" bezeichneten. Daraus sei schließlich der Haferlschuh geworden. Diese Erklärung wird freilich von wissenschaftlich argumentierenden Dialektologen nicht ernst genommen. „Die Geschichte ist gut erfunden, aber sie entbehrt jeglicher Belege", sagt der Regensburger Sprachforscher Ludwig Zehetner. Aus seiner Sicht spricht weitaus mehr dafür, dass schlicht und einfach das „Haferl", also der kleine Hafen oder Topf, mit den robusten Halbschuhen verglichen wurde. Leider stirbt auch das Wort Haferl langsam aus. Mittlerweile ist in Bayern der fernöstliche Wok geläufiger als das Haferl. Und wer weiß noch, dass die Töpfer früher Hafner hießen.

Häusl

Manchmal passieren schier unglaubliche Dinge. Im oberbayerischen Hallbergmoos hatte beispielsweise ein Bauarbeiter in einem mobilen Klohäusl Erleichterung gesucht. Alles lief ganz entspannt, bis plötzlich die Baustellen-Toilette in Bewegung geriet. Nicht ahnend, dass es besetzt war, hatte ein anderer Arbeiter das Dixi-Klo an einen Kran gehängt und angehoben. Kein Wunder, dass der Mann im schwankenden Häusl in Panik geriet und plärrte wie ein Ochse. Der verdutzte Kranfahrer setzte das Aborthäusl sogleich mit einem Rumpler wieder auf den Boden, worauf die beiden Männer das Missverständnis mit Raufhändeln und Würgegriffen klärten. Soweit hätte es jedoch nicht kommen müssen, wäre auf der Baustelle ein hölzernes Häusl traditioneller Bauart vorhanden gewesen, also ein solches mit einem Herzerl-Guckloch an der Seitenwand. Leider ist diese Gattung aus der Mode gekommen. „Ich muss aufs Klo!" hieß früher: „I bin aufm Häusl." Es war einer der wenigen Orte, an dem man auf einem Bauernhof seine Ruhe hatte. Nicht umsonst schrieb Oskar Maria Graf in dem Roman „Das Leben meiner Mutter" (1940): „Wo will ich s' denn beten, die zwölf Vaterunser ... aufm Häusl halt." Als Häusl oder Heisl, wie es im Dialekt heißt, wurde aber nicht nur der Abort, sondern auch das kleine Wohnhaus eines Gütlers bezeichnet, der keinen Grundbesitz hatte. Diese Menschen wurden etwas abschätzig Häuslleute, Kleinhäusler oder Häuslmänner genannt.

Wer als Häuslschleicher tituliert wird, braucht sich darauf nichts einzubilden, denn dieser Begriff steht auf einer Stufe mit dem Erbschleicher. Der Häuslschleicher ist scheinheilig, heuchlerisch und vor allem auf seinen eigenen Vorteil aus. Wenn er anderen Menschen schön tut, geschieht das meistens in so übertriebener Form, dass sein Treiben den Mitbürgern nicht entgeht. Diese sagen dann: „Schaugn an, den Häuslschleicher, wia er um d'Oma umaschliaft!".

Kaibeziang

Der Keller Steff, ein Barde vom Chiemsee, hat ein Lied geschrieben, das eine Zeitlang im Radio rauf und runtergespielt wurde. Die begeisterten Reaktionen des Publikums und der Moderatoren machten deutlich, dass der Erfolg nicht nur von der Melodie herrührt, sondern auch von dem exotischen Titel, das Lied heißt nämlich „Kaibeziang". Als es auf den Dörfern noch Bauernhöfe gab, wusste jeder, was das Wort bedeutet. Kaibeziang heißt nichts anderes als Kälberziehen, und das ist notwendig, wenn ein Kalb auf die Welt kommt und nicht herausschlüpfen will. Oder wie es der Keller Steff besingt: „Die Haxen schaun scho aussa, da Kopf is aa scho do, ja lass ma's ganz natürlich oder ziang ma a weng o ..."

Das Kaibeziang wird immer noch praktiziert, denn nicht jede Kuh kalbt problemlos. Mit einem Hilfsgerät und Stricken wird das Kalb in solchen Fällen aus dem Mutterleib gezogen. Wiegt ein normales Kalb gut 40 Kilo, so schlüpft ein Brummer mit 60 Kilo nicht mehr so leicht aus dem Leib der Kuh. Die nächste Frage ist, ob das Kalb alleine säuft. Der Keller Steff hat auch da einen Rat: „'s Kaibi sauft ned, na wuggma eahm a Maurerkappi auf, na saufts ganz gwis."

Klapperl

Fred Feuerstein ist einer der berühmtesten Helden der Steinzeit, dabei ist er nur eine Comicfigur. In der Regel wird er als Barfußgeher abgebildet, ebenso seine Familie und seine Freunde. Das widerspricht freilich der steinzeitlichen Realität. Schon Ötzi, der berühmteste frühgeschichtliche Mensch überhaupt, hatte vor 5700 Jahren feste Schuhe getragen, die selbst für die Hochalpen tauglich waren. Auch Sandalen waren bereits in der Steinzeit ein beliebtes Schuhwerk. Die alten Griechen haben dem Riemenschuh schließlich den bis heute gängigen Namen gegeben: sandalion. Ursprünglich noch ganz schlicht aus Gräsern und Pflanzen gefertigt, verursachte dieser Schuh beim Gehen so gut wie keinen Lärm. Die Urmenschen sahen verständlicherweise keinen Anlass, das Wort Klapperl zu erfinden. Das blieb später den Bayern und den Österreichern vorbehalten, als hölzerne Sandalen in Mode kamen, die beim Gehen ein klapperndes Geräusch erzeugten. Bayerische Schuhhäuser preisen zwar heute Sandalen und Sandaletten an, manche Kunden aber nennen diese Schuhe immer noch Klapperl. Die Speckpater, die einst zum Betteln aufs Land fuhren, liefen barfuß in Klapperln herum. Dass das Wort nun allmählich in Vergessenheit gerät, liegt nicht nur an der Luftpolsterung und an den weichen Sohlen heutiger Modelle. Klapperl gelten in der Modewelt nicht nur wegen ihres Namens als anrüchig, sondern vor allem, weil Männer gerne weiße Socken dazu tragen. Leider wird dadurch verdrängt, dass Klapperl früher das Ergebnis hoher Handwerkskunst waren. In der Landesausstellung in Füssen im Sommer 2010 waren die Klapperl des Volkspredigers Markus von Aviano zu sehen, die er 1681 im schwäbischen Türkheim zurückgelassen hatte. Obwohl diese Schuhe täglich an seinen Füßen klebten und der gute Mann mit ihnen bei Wind und Wetter durch halb Europa gelatscht war, schauen sie immer noch manierlich aus.

Klupperl

Obwohl sie ähnlich klingen, unterscheiden sich die Klupperl von den Klapperln fundamental. Klupperl sind Wäscheklammern und besitzen wegen ihres lustigen Namens ein beachtliches Wohlfühlpotential. „Das Wort macht sofort gute Laune", schwärmte einmal eine Hausfrau im Internet und fuhr fort: „Der Wäscheständer sieht natürlich nicht immer schön aus, aber dann sagt man ein paar Mal Klupperl vor sich hin und schon ist's einem wurscht." Im Bairischen werden aber auch die Finger als Klupperl (Glupperl) bezeichnet. Dialektsprecher jammern im Winter: „Mich friert's in die Klupperl." Albert Sigl schildert in seinem Roman „Sonnham" (2005) eine Szene, in der Kinder ihre im Schnee erfrorenen Klupperl über die Herdplatte halten: „Ein Gebrüll erfüllte die Stube, weil es den Geschwistern war, als würde man ihnen mit Nadeln in die Finger stechen." In dem Unterhaltungslied „A Rollmops und an Hering" heißt es: „Eine Dame stieg in München in die Straßenbahn hinein / Da Schaffner haut die Tür zua und zwickt ihr d'Klupperl ein."

Manche glauben, im Klupperl stecke das lateinische Verb glubere (abschälen, berauben, klauben). Der Altphilologe Adam Härdl verwies wiederum auf den clavus, eine Nadel, mit der das Obergewand zusammengehalten wurde. Dieses Wort wurde im Althochdeutschen zu globo und im Mittelhochdeutschen zu gluppe. Im Bairischen erwuchs daraus die Glufe oder Glufa (Hutnadel, Sicherheitsnadel) und vermutlich auch das Klupperl.

Bisweilen nennt man die Finger auch Griffel. „Tu deine Griffel weg!" oder: „Der muss seine Griffel überall drin haben." Jugendliche auf dem Land gehen mit solchen Begriffen recht virtuos um. In einem Wirtshaus im Bayerischen Wald näherte sich einmal ein Jüngling mit seinen Fingern einer langhaarigen Schönheit. Die legte sofort ein Begrapsch-Veto ein: „Dou du bloß deine EHEC-Griffeln do weg!"

Leiterwagerl

Der Vatertag, der im Mai zusammen mit dem katholischen Traditionsfest Christi Himmelfahrt gefeiert wird, bietet vielen Männern eine willkommene Gelegenheit, sich der kollektiven Saufgeselligkeit hinzugeben. Überdies belegt der Vatertag, wie schnell die Bayern bereit sind, ihren alten Sprachschatz durch norddeutsche Regionalismen zu ersetzen. Ein neues Lieblingswort im Freistaat ist der Bollerwagen, mit dessen Hilfe feiernde Väter ihre Biertragl transportieren. Nur wenige altgediente Fernsehreporter wie der BR-Korrespondent Rudolf Gilk verwenden in ihren Berichten über den Vatertag noch das alte Wort Leiterwagerl, dessen Name daher rührt, dass diese hölzernen Handwägen von leiterartigen Seitenteilen zusammengehalten werden. Der Psychoanalytiker Wolfgang Schmidbauer leitet sein autobiographisches Buch „Eine Kindheit in Niederbayern" mit folgenden Worten ein: „Im Frühjahr 1945 lud meine Mutter ihre Habseligkeiten auf ein Leiterwagerl und machte sich mit ihren beiden Söhnen auf den Weg von Passau nach Deindorf." Der Bollerwagen ist durch die aggressiven Werbekampagnen der Baumärkte in Bayern eingedrungen und wird seither von den Medien leidenschaftlich und kritiklos nachgebetet. Den Vorreiter machte vor Jahren eine niederbayerische Lokalzeitung, die ihren Bericht über eine Fahnenweihe mit zwei abgebildeten Trachtlerbuben veranschaulichte. In der Bildunterschrift war zu lesen: „Zwei Jungs auf dem Bollerwagen".

Menscher

Vor geraumer Zeit hat sogar der Chefredakteur der *Süddeutschen Zeitung* einen Artikel mit dem Wort Menscher bereichert. Das war insofern erstaunlich, als dieser Begriff in der SZ vermutlich seit der Kanzlerschaft von Konrad Adenauer (gest. 1967) nicht mehr zu lesen war. Menscher ist ein so gut wie ausgestorbenes Wort, was eigentlich schade ist, denn es zeichnet sich durch eine etymologische Vielfalt aus, die ein ganzes Buch füllen würde. Der Pluralform Menscher liegt freilich nicht die uns geläufige maskuline Form „der Mensch" zugrunde, sondern das markante Neutrum „das Mensch", das vor 50 Jahren noch allgemein bekannt war. Schmeller zitiert in seinem Wörterbuch „das Mensch" sogar mit einer Belegstelle aus dem 14. Jahrhundert. Es war die damalige Bezeichnung für eine ledige Frau oder eine Dienstmagd. Auf dem Land sagt man über ein schönes Mädchen bisweilen heute noch anerkennend: „Sie is a saubers (schönes) Mensch." In diesem Sinne schrieb Emerenz Meier (gest. 1928) in ihrem Gedicht „Wödaschwüln": „Und dass mi's Mensch iatzt nimmer mag." Im Dienstbotensektor gab es viele Klassifizierungen: das Kuchlmensch war die Küchenmagd, das Hennamensch war für die Hühner zuständig, das Kindsmensch für die Kinder. Das Zimmer einer Dienstmagd hieß Menscherkammer. Noch 1981 genehmigte die Gemeinde Konzell in Niederbayern einen Bauplan, in dem eine Menscherkammer eingetragen war.

In den Städten erfuhr „das Mensch" aber schon vor 150 Jahren eine moralische Abwertung. „A schlechts Mensch", lesen wir beispielsweise in Ludwig Thomas Bauernromanen, immer häufiger wurden nun auch Huren als „Menscher" bezeichnet. In Reinhold Amans Schimpfwörterbuch wird „das Mensch" dementsprechend als eine liederliche, derbe Frau erklärt. Über den Augsburger Bert Brecht gelangte das Wort dennoch in die hohe Literatur: „Menscher sind das Schönste auf der Welt", heißt es in dessen „Song von Mandelay".

Potschamperl

Im frühen 19. Jahrhundert war das öffentliche Leben in Bayern bis hin zur Mode und zum Essen französisch geprägt. Logischerweise flossen in jener Zeit in die bayerische Alltagssprache viele französische Entlehnungen ein. Manche Wörter haben sich bis heute gehalten und werden immer noch verstanden, etwa das herzerfrischende Potschamperl, das mitunter auch Botschamperl, Potschamberl oder Bottschamber geschrieben wird. Der Begriff rührt vom französischen pot de chambre (Nachttopf) her. Die Bayern hängten einfach noch die beliebte Verkleinerungsform -erl hinten dran, was sie überhaupt sehr gerne tun (Haferl, Gickerl, einige Starköche sagen neuerdings sogar Supperl).

Freilich, ein Bedarf für Potschamperl besteht heute kaum noch. Früher, als es in den Häusern noch keine Toiletten und keine Wasserspülung gab, da stand meistens ein Topf unter dem Bett. Bei Bedarf wurde er einfach am Henkel hervorgezogen. Einmal soll ein boshafter Mann in das Potschamperl seiner Schwiegermutter einen Kaktus hineingesetzt haben. Leider ist über den Fortgang der Geschichte weiter nichts bekannt. Das Wörterbuch von Ringseis erwähnt als begriffliche Erweiterungen den eher despektierlich benamten Potschamberlhut (dessen Form topfartig ist) und den Potschamberlschnitt, den man früher den Buben beim Haareschneiden verpasst hat. Es war ein Rundschnitt, gerade so, als ob der Friseur seinem Kunden einen Nachttopf aufgesetzt und drum herum geschnitten habe. Die Burschen und Mädchen, die ihre Freizeit in der Kellerkneipe in der Münchner Studentenstadt verbringen, tragen moderne Haarschnitte, die Kneipe heißt allerdings Potschamperl. Unbedingt sehenswert ist die Potschamperlsammlung im Münchner Valentin-Musäum. Dort wird ein Winter-Potschamperl gezeigt, das elegant mit Pelz verbrämt ist – im Sinne von Karl Valentin natürlich innen.

Reindl

Es ist angenehm, durch das Zentrum von Bad Tölz zu schlendern. Das Auge wird verwöhnt durch eine malerische Architektur, und die Wirtshäuser runden den optischen Genuss durch vorzügliche Isartaler Gerichte ab. Gelegentlich provoziert einer der Wirte den Speichelfluss der Passanten, indem er sie mit einem „Schweindl ausm Reindl" in seine Gaststube lockt. Wo ein solches Gericht auf der Speiskarte steht, dort kocht mit Sicherheit kein Chinese, kein Italiener und kein Preuße. Das Reindl kennt nur der Bayer. Fernschkoch Alfons Schuhbeck spricht vom Reindl aber nur dann, wenn er im Bayerischen Fernsehen auftritt. Im ZDF traut er sich nicht, weil dieser Sender südhochdeutsche Ausdrücke für eine Zumutung hält. Dabei haftet dem Wort Reindl etwas Urgemütliches an, man riecht bereits beim Hören den Wohlgeschmack der Speisen, die darin zubereitet werden. Das Reindl ist ein eher flaches, rechteckiges Bratgeschirr aus Emaille mit Henkeln an den Schmalseiten. Im Reindl wird gebraten und gebacken, beispielsweise ein Semmelschmarrn oder ein Auflauf. Brät man eine Gans oder bereitet man gar einen Schweinsbraten zu, dann braucht man statt des Reindls meistens die größere Bratreine. Das Wort Reindl hat seine Wurzeln vermutlich schon im Althochdeutschen (rina). Früher, als das Reindl noch aus Ton war, sagte man dazu auch Bratscherm. Alle Tongefäße hießen damals Scherm oder Scherben. Der Blumentopf war der Bleamescherm, denn er zerbrach leicht und dann gab es Scherben. Im Übrigen benützen auch die Köche in Norddeutschland so etwas wie ein Reindl, bei ihnen heißt es aber Kasserolle.

Sacherl

Regelmäßig ist auf den Immobilienseiten bayerischer Tageszeitung das kommode Wort Sacherl zu lesen, etwa in der Art: „Handwerkerfamilie sucht Sacherl!" Manchmal hört man auch den Satz, ein Mädchen habe in ein Bauernsacherl hineingeheiratet. In dem kleinen Ort Altenburg im Landkreis Ebersberg gibt es sogar ein Ausflugslokal, das unter dem Namen „Sacherl" firmiert. Es ist leicht zu erkennen, dass wir es hier mit einem alten Begriff aus dem bäuerlichen Milieu zu tun haben. Man könnte ihn am ehesten mit Besitz oder Anwesen übersetzen. Während Sacherl ein kleines landwirtschaftliches Anwesen benennt, ist das Sach oder 's Sach etwas größer zu veranschlagen. Renate Just geht in ihrem Reiseband „Krumme Touren" auf den einstigen bäuerlichen Heiratsmarkt ein, „wo auf die Liebe allemal weniger geschaut wurde als aufs Sach." Anders drückt dies eine alte bayerische Lebensweisheit aus: „Liebe vergeht, Baugrund besteht." Jörg Maurer umschreibt das Wort Immobilie in seinem Regionalkrimi „Hochsaison" ebenfalls mit Sach, nimmt aber eine Differenzierung vor, wie sie in seinem Heimatort Garmisch-Partenkirchen gängig ist: „Sonderbarerweise redet der Bayer, wenn die Immobilie größer ist, von einem Sachl."

Papst Benedikt XVI. hat in der Rede, die er 2006 am Münchner Flughafen gehalten hat, das lateinische „res" mit „das Sach" übersetzt. Er zitierte dabei jene Fürbitte, die zu Füßen der Münchner Mariensäule geschrieben steht: „Rem regem regimen regionem conserva Bavaris, Virgo Patrona, tuis." Der Papst übersetzte: „Erhalte, Jungfrau Patronin, Deinen Bayern das Gut, oder wie man im Dialekt sagt das Sach, die Regierung, das Land und die Religion!" Diese Aussage nahm der Bund Bairische Sprache anno 2006 zum Anlass, dem Papst die bairische Sprachwurzel zu verleihen.

Schrot

Die Anzeigenseiten in den diversen Tages- und Wochenzeitungen sind eine Fundgrube für Kuriositäten aller Art. Im Straubinger Tagblatt wurde zum Beispiel im Vorfeld des 200. Gäubodenfestes ein Dirndl-BH für 27,95 Euro angepriesen, bildlich veranschaulicht durch eine flotte Dame, die ganz lässig ihren Ausschnitt präsentiert. Garniert ist das Bild mit dem Spruch: „Der schönste Balkon!" Unabhängig von der Frage, ob das nun sexistisch ist, bleibt anzumerken, dass der Balkon im Bayerischen Wald früher Schrot (gesprochen: Schroud) geheißen hat. Das belegt unter anderem ein altes Bayerwald-Lied:

„Der Teifel hockt im Rauchfang drin,
der hat ganz gwies nix Gscheits im Sinn,
und draußt am Schroud da frisst der Toud
in seiner Nout a Breckl Broud."

In einem anderen Lied wird Schroud weiblich verwendet:

„Da Deife und da Doud,
de hockan auf da Schroud.
Sie passn auf mi,
aber i schau gar net hi."

Im Rottal und in Oberbayern hieß der Balkon
dagegen Lahm (ausgesprochen mit hellem a,
ähnlich wie Rahm). Eigentlich ist damit die Laube
gemeint, die mundartlich Lahm heißt. Später, als
die Lauben durch Balkone ersetzt wurden, wurde
der Begriff auf den Balkon übertragen. Heute
sind diese Wörter vergessen, vermutlich gelten sie
als zu schräg. Schräg, aber direkt aus dem Leben
gegriffen waren auch die Anzeigen neben der Dame
mit dem „schönsten Balkon". Dort wurde für eine

Fleckviehversteigerung und einen Kälbermarkt geworben, links daneben offerierte ein Inserat das „Hundegeschirr Bayern – im Brustumfang stufenlos verstellbar."

Stiangglanderrass

Eine Redakteurin hatte in einem feinen Artikel für die *Süddeutsche Zeitung* einen Hund von undefinierbarer Abstammung beschrieben. Folgerichtig verwendete sie das Wort „Stiangglanderrass" (Stiegengeländerrasse), mit dem derlei Promenadenmischungen im Bairischen eingeordnet werden. Das Wörterbuch von Ringseis erklärt die Stiangglanderrass als „Hundebastard", sozusagen auf der Stiege (Treppe) entstanden. Vor 30 Jahren hätten die meisten *SZ*-Redakteure dieses Wort noch gekannt. Als die Journalistin ihren Artikel vorlegte, zuckten fast alle Kollegen mit den Schultern. „Stiangglanderrass? Nie gehört!", lauteten die Kommentare, weshalb sie anschließend lieber die Formulierung „puscheliges Knäuel" wählte.

Sie folgte damit den Gesetzen des Sprachwandels, der unheimlich schnell voranschreitet und die südhochdeutschen Varianten aus der Alltagssprache in Bayern verdrängt. Auch die Stiege (Stiang) ist längst vom niederdeutschen Wort Treppe weggeschoben worden. Nur in Österreich ist sie noch allgegenwärtig, aber auch dort ist sie auf dem Rückzug. Die Wiener Strudlhofstiege gelangte 1951 durch den gleichnamigen Roman von Heimito von Doderer sogar zu literarischem Ruhm.

Zum Begriff Stiangglander existiert auch noch so manche Redensart. „Du schaust ja aus, als hättst dich mitm Stiangglander kampelt (frisiert)." In den 50er Jahren musste ein Bub einen sauber gezogenen Scheitel haben. War er nicht kerzengerade, dann hieß es: „Der hat an Scheitel, wia d'Sau soacht!"

Stranitze

Täglich verschwinden Wörter aus unserer Alltagssprache, lautlos und unbemerkt. Stranitze ist so ein Begriff, den früher jedes Kind gekannt hat.

Damals, als die Ware im Kramerladen noch nicht in müffelnde Plastiktaschen, sondern in braune Spitztüten eingepackt wurde. Der frühere Freisinger Schuldirektor Hans Niedermayer, schildert in seinem Erinnerungsbuch „Kind in einer anderen Welt" (2009) den alten Kosmos einer Stranitze: „An der Seite des Ladentischs waren an Nägeln Stranitzen in verschiedenen Größen aufgehängt. Für alles bis zu einem Gewicht von 250 Gramm wurden Spitztüten verwendet, für größere Mengen standen viereckige Pfund-, Zweipfund und Fünfpfundtüten zur Verfügung."

Interessant ist auch, was Niedermayer über die Hygienesituation in seiner Kindheit erzählt: „Toilettenpapier kannten wir nicht. Da nicht alle Familien eine Zeitung hielten, fanden in stillen Örtchen auch gebrauchte Stranitzen ihre nachhaltige Verwendung."

In Oberbayern hieß das Wort Stranitze(l), im oberen Niederbayern an Isar und Vils Staritze(l) und in Österreich Stanitze(l), während im nördlichen Bayern Rogel das übliche Wort für die Papiertüte war. Manche Sprachwissenschaftler sehen die

Wurzeln der Stranitze in Oberitalien, etwa in dem Wort cartoccio (Tüte aus Papier). Über italienische Händler könnte es nach Österreich gelangt sein, wo aber die Tüte bereits mit dem tschechischen Wort kornout benannt wurde. „Irgendwie fanden beide Wörter zueinander", vermutete einst der Sprachforscher Ludwig Merkle, und es wurde daraus ein Skarnizel sowie in der Folge ein Starnitzel und Stanitzel. Bei der etymologischen Erforschung dieser Begriffe muss man aber zusätzlich berücksichtigen, dass es ein ähnliches und sehr lebendiges Wort im Russischen gibt. „Stranitza hat in Russland eine ähnliche Bedeutung wie in Bayern", sagt Valentina Kopp, die ein weltweit einzigartiges bayerisch-russisches Wörterbuch verfasst hat.

LUST & LIEBE

Amenaschlupferle
Busserl
Buzerl
dantschig
Dutten
Gspusi
Katzelmacher
katzeln
Schicks
Schmuser
schnackseln
Spinaterer
Strizzi
Tschamsterer
Weiberleit und Schlampn

Amenaschlupferle

In die engere Wahl der vom Bayerischen Rundfunk erbetenen Vorschläge für das schönste bayerische Wort kam im Jahr 2004 unter anderem der anmutig klingende Begriff Amenaschlupferle (Betonung auf dem zweiten a), der in Schwaben populär ist. Unter einem Amenaschlupferle versteht man dort ein anschmiegsames Wesen, ein An-mich-heran-Schlupferle wie etwa ein kleines Kind, eine Ehefrau oder gar eine Geliebte. Sich selbst bezeichnet der Schwabe hingegen am liebsten als Schwob. Wenn ein Fremder die Frage „Bisch au en Schwob?" mit Ja beantwortet, zeigt er meistens Rührung. Leider gibt es keine weibliche Entsprechung zum Schwob. „Hier hat die Mundart irgendwie versagt", sagt der Dialektexperte Wolfgang Brenneisen. Da es keine Schwobin gibt, muss der Schwob, wenn er turteln will, Wörter wie Amenaschlupferle verwenden.

Busserl

Im November 2011 ist der Wiener Liederpoet Ludwig Hirsch gestorben. Viele werden sich an seine zu Herzen gehenden Lieder erinnern, eines davon heißt „Billasackerl". „Billa" ist der Name einer österreichischen Warenhauskette, das Sackerl ist das bayerisch-österreichische Wort für Tüte. Das Lied beginnt mit dem Wunsch: „I möcht a Billasackerl Busserl von Dir." Das Wort Busserl klingt, als sei es für die sanften und humorvollen, wenngleich tiefschwarzen Lieder von Ludwig Hirsch extra erfunden worden. Dabei ist Busserl ein altes poetisches Wort für einen Vorgang, der nördlich von Bayern Küsschen heißt – oder Bützchen, wie im Rheinland. Das Wort Busserl könnte romanische Wurzeln haben. Das Lateinische kennt das „basiolum", das im Wörterbuch als zärtliches Busserl erklärt wird. Es gibt auch die Formen Bussi oder Bussl und das Verb abbusseln. Möglich ist aber auch ein slawischer Ursprung. Die tschechische Sprache kennt mehrere Wörter für den Mund, unter anderem pusa und huba beziehungsweise die Diminutive pusinka und hubička. „Gib mir den Mund" – „dej pusinku" heißt es in der tschechischen Kindersprache. Kleinkinder werden bisweilen auf diese Weise angehalten, die Verwandtschaft abzubusseln. Vielleicht haben böhmische Kinderfrauen und Köchinnen das Busserl nach Wien gebracht, von wo aus es sich verbreitet hat. Unvergessen ist die Radio-Übertragung der Begegnung Deutschland-Österreich bei der Fußball-WM 1978 in Argentinien, die den Ingenieur Edi Finger zum österreichischen Nationalhelden gemacht hat. In seiner legendären Schilderung des Siegestreffers rutschte dem Reporter Finger auch das Wort Abbusseln heraus. „I wer' narrisch! Krankl schießt ein – 3:2 für Österreich! Meine Damen und Herren, wir fallen uns um den Hals; der Kollege Rippel, der Diplom-Ingenieur Posch – wir busseln uns ab."

Buzerl

Der Chiemgauer Milchbauer Josef und seine thailändische Frau Narumol haben durch lustige Fernsehauftritte eine Zeitlang für Schlagzeilen gesorgt. Bekannt geworden ist das Paar durch die RTL-Sendung „Bauer sucht Frau". Ihre rührende Liebesgeschichte wurde später durch die Geburt eines Kindes gekrönt.

In sprachlicher Hinsicht fiel beim Themenkomplex Josef-Narumol auf, dass nicht nur norddeutsche, sondern auch bayerische Journalisten deren Baby ständig als Wonneproppen bezeichneten. Obwohl dieser Begriff niederdeutscher Herkunft ist, also dem Norden des deutschen Sprachraums entspringt, ist er mittlerweile ein Lieblingswort bayerischer Zeitungen und Anzeigenblätter geworden. Babyfoto-Sonderseiten unter dem Motto „Unsere Wonneproppen" nehmen fast inflationäre Ausmaße an. Durch diese Entwicklung ist jedoch das alte und viel weichere Dialektwort Buzerl ins Abseits gedrängt worden.

Das Buzerl ist ein Diminutiv zum Wörtlein Butz, das eine kleine Gestalt beschreibt (mittelhochdeutsch butze, siehe auch die koboldartige Figur des Butzemanns).

Zum Buzerl gehören auch die verwandte Koseform „buzi buzi" und die Buzlwar (Butzelware).

Weil der Begriff Buzl unter anderem eine große Menge ausdrückt, bezeichnete man früher eine Kinderschar als Buzlwar. In Wolfgang Johannes Bekhs Roman „Apollonius Guglweid" ist das Wort sogar literarisch verewigt: „Zum Vergeltsgott sagte die Butzelwar dem Hl. Nikolaus noch ein schönes Gebet auf."

dantschig

Als der Bayerische Rundfunk im Jahr 2004 das schönste bayerische Wort suchte, sendeten die Hörer ungefähr 10 000 Vorschläge ein. Die Franken kürten „Gnärzla" (Anschnitt eines Brotlaibs) als Siegerwort , die Schwaben bevorzugten „schdriala" (herumsuchen, heimlich durchwühlen). In der Region Altbayern ging wiederum das Wort „dantschig" als Gewinner hervor. Dieses Adjektiv, Franz Ringseis nannte es einst in seinem Wörterbuch „dantschi", könnte man mit nett, niedlich oder liebreizend übersetzen. Vor allem kleine Kinder und junge Mädchen werden gerne als dantschig bezeichnet. Die Herkunft dieses Wortes ist nicht hundertprozentig geklärt. Manche vermuten, es könne mit „Dantschn", einem wohlschmeckenden Gebäck aus früherer Zeit, zusammenhängen. Andere erkennen in dantschig eher italienische Wurzeln, demnach könnte es von donzella (Jungfrau, Fräulein) herstammen.

Dutten

In ihrem für das Bayerische Fernsehen produzierten Beitrag „Die Mundart lebt hinter der S-Bahn" zeigt die Autorin Steffi Kammermeier auf, dass die Menschen im Großraum München immer unverfälschter Dialekt sprechen, je weiter entfernt sie von der Bahn leben. Und doch ist in dem Film nicht zu überhören, dass selbst sehr alte Menschen auf dem Land vom Sprachwandel infiziert sind. Da fragt zum Beispiel der Dialektologe Bernhard Stör einen 91-Jährigen, wie das heiße, „was am Euter einer Kuh unten dran ist?" Darauf der alte Mann: „Des san de Tittn." Worauf Stör erwidert: „Des sogd ma in Berlin obn." Schon längst hat sich der norddeutsche Begriff Titten via Fernsehen in den bayerischen Dörfern festgesetzt. Eigentlich heißen die Brustwarzen der Säugetiere in Süddeutschland Zitzen. Dieses Wort gab es wie die Synonyme Tutte und Tütel bereits im Mittelhochdeutschen. Im Bairischen sind daraus die Dutten (Duddn) geworden. Mit der Zitze hängen auch die bairischen Verben suzeln und zuzeln (saugen) zusammen, die vor allem durch das Zuzeln der Weißwurst am Leben gehalten werden. Schmellers Wörterbuch kennt als Synonym auch dutteln. Ein Dutterer ist ein unreifes Bürscherl, das noch an den Dutten der Mutter, also an der Mutterbrust hängt.

Gspusi

Als weibliche Entsprechung zum Wort Tschamsterer könnte das Wort Gspusi herhalten. Vielleicht sollte man analog zur Aussprache sogar Gschpusi schreiben. Gspusi sieht aber eleganter aus, immerhin hat das Wort in dieser Form Eingang in das

Salonbayerische gefunden. Das Gspusi steht in Bayern und in Österreich für eine Geliebte, manchmal auch für ein Liebesverhältnis oder einen Flirt.

Wenn der Bayer zärtlich wird, spricht er Italienisch, behauptete einmal eine BR-Reporterin, und tatsächlich stammt das Gspusi direkt aus dem Herzen des Italienischen. Die Braut heißt dort „sposa". Auf dem Transfer über die Alpen wurde das Wort aber neu formatiert, weshalb die Bayern das Gspusi, ähnlich wie den Tschamsterer, mitunter als etwas Gschlampertes betrachten, an dem ein verbotener erotischer Reiz klebt. Der Dialektologe Ludwig Zehetner verweist darauf, dass das Gspusi sogar Nebenformen herausgebildet hat, etwa das Verb speanzln, das im weitesten Sinne das Phänomen des Anbandelns umkreist.

Katzelmacher

Die ersten Gastarbeiter, die in den frühen 60er Jahren nach Bayern kamen, mussten sich in ihrer neuen Heimat nicht selten abfällige Bezeichnungen anhören. Die Italiener wurden beispielsweise Katzelmacher genannt, später dann Spaghettifresser. Das Wort Katzelmacher ist freilich bedeutsamer, als es zunächst klingt. Und nicht nur, weil ein Film des Regisseurs Rainer Werner Fassbinder den Titel „Katzelmacher" trägt (1969). In den meisten Fällen wird dieses Wort mit dem Verb katzeln (junge Katzen gebären) in Verbindung gebracht. An einer Stelle in Oskar Maria Grafs Roman „Das Leben meiner Mutter" heißt es: „Wenn die Katzelmacher, wie man die Italiener wegen ihres allzu reichlichen Kindersegens zu nennen pflegte, um ein großes Feuer hockten ..." In der italienischen Gossensprache bezeichnet „cazzo" den Penis, weshalb dieses Wort auch auf leichtsinnige Männer übertragen wurde, die Frauen verführen, mit ihnen Kinder zeugen und dann sang- und klanglos verschwinden.

Solche Geschichten lenken uns aber vielleicht auf die falsche Spur. Denn ursprünglich waren Katzelmacher südländische Kesselflicker und Handwerker, die Gatzl anfertigten, also Schöpfkellen. Auch jenes Gefäß, welches das aus dem Banzen tropfende Bier auffing, hieß früher Gatzl oder Gatzerl. Bis in unsere Zeit herein wurden auf Bauernhöfen Gatzerl benutzt, um Wasser aus dem Grandl zu schöpfen. Das Gatzl findet seine Entsprechung im spätlateinischen cattia und im italienischen cazza (hölzernes Gefäß, Löffel). Ein Gatzlmacher tat also nichts anderes, als solche Gefäße anzufertigen, und vermutlich wurde der Ausdruck auch auf jene fahrenden Holzschnitzer aus dem Grödnertal übertragen, die hölzerne Küchengeräte verkauften. Da in etlichen etymologischen Abhandlungen auch noch der Käse (cacio) und der Ketzer ins Spiel gebracht werden, bleibt als Fazit festzuhalten, dass alles in allem wohl mehrere Quellen bei der Entstehung des Wortes Katzelmacher zusammengeflossen sind.

katzeln

Bevor eine Katze katzelt, verzieht sie sich an einen abgelegenen Ort, um dann dort auf die ihr eigene Weise Nachwuchs auf die Welt zu bringen. Nicht viel zugetraut wird freilich den Hirgstkatzln, die im Herbst geboren werden. Sie gelten als schwächlich und anfällig, bleiben oft im Wachstum zurück und ihre Augen sind verklebt. Die Historikerin Martha Schad hat darauf aufmerksam gemacht, dass das Wort katzeln überraschenderweise auch zum Sprachgebrauch der Kaiserin Elisabeth von Österreich (Sisi) gehörte. Als diese mit Marie Valerie, ihrem vierten Kind, schwanger war, schrieb sie vor der Entbindung an ihre Mutter Ludovika nach München: „Dies ist wohl mein letzter Brief vor dem Katzeln!" (zitiert in Schads Buch „Kaiserin Elisabeth und ihre Töchter", München 2010, S. 91). Am 22. April 1868 hat Kaiserin Sisi schließlich gekatzelt, ihre Tochter Marie Valerie ist in Budapest auf die Welt gekommen. Im Rotwelschen, einem auf der deutschen Sprache beruhenden alten Soziolekt gesellschaftlicher Randgruppen, drückte katzeln auch Verhaltensweisen aus, die man den Katzen nachsagt, also lügen, schmeicheln, Falsches vorgaukeln. Das Falsche kommt auch in Wörtern wie Katzengold (falsches Gold) und Katzenmusik zum Ausdruck.

Schicks

Die Geschwister Well präsentieren bei ihren Haus-
musikabenden gerne einen „Power-Rap", in dem
auch CSU-Politikerin Ilse Aigner besungen wird:
„De Schicks mit ihre Tricks." Hier drängt sich natürlich die Frage auf, ob sich Frau Aigner selbst für
eine Schicks hält. Schließlich wird dieses Wort in
Bayern gerne im abfälligen Sinne verwendet. Aber
nicht, wenn man einen Dorfburschen, der endlich
eine Freundin gefunden hat, ohne Argwohn fragt:
„Du, Seppi, hast Du ebba a neue Schicks?" Tatsache ist freilich auch, dass Frauen, die sich nach
dem Krieg mit US-Besatzungssoldaten einließen,
häufig als Ami-Flitscherl, Ami-Schnalle (Schnoin)
oder Ami-Schicks tituliert wurden. Hier wird die
Schicks ähnlich wie die Schnoin als sittenlose
und unzüchtige Frau definiert. Diese Interpreta-
tion gefällt freilich nicht jedem. Das Landshuter
Frauenquartett „Isarschixn" würde sie sicherlich
empört zurückweisen, denn Sängerin Birgitt Bin-
der erklärt den Begriff so: „Das ist ein Luder, eine
Freche, eine, die sich was traut."

Ursprünglich kommt das Wort Schickse aus dem Hebräischen und benennt eine nichtjüdische Frau. Als es über das Rotwelsche Eingang in die deutsche Sprache fand, wurde daraus ganz allgemein ein Mädchen. Vermutlich hat die Studentensprache dann daraus ein leichtfertiges Mädchen, ein Flittchen und ein Luder gemacht. In dieser Bedeutung fand die Schickse sogar Eingang in die englische und amerikanische Sprache (chicks). In Niederbayern nennt man ein Mädchen, das einen Kraftfahrer als Freund hat und ihn bei seinen Fahrten begleitet, eine Lastwagen- oder eine Karrenschicks. Für Wörter im Graubereich des Anrüchigen gibt es in Bayern seit jeher anzügliche Männersprüche, natürlich auch für die Schicks, wie das folgende Lied beweist:

Sau ... Sau ... sauberes Mädchen,
Hur ... Hur ... hurtiges Kind,
Schnall ... Schnall ... schnalle dein Ränzlein,
Schicks ... Schicks ... schicks nach Berlin!

Schmuser

Mehrere Milliarden Fernsehzuschauer verfolgten im April 2011 die Hochzeit des aus dem englischen Königshaus stammenden Prinzen William und der Kunsthistorikerin Kate Middleton. William hatte seine künftige Frau beim Studium in Schottland kennengelernt. Es ist anzunehmen, dass das Paar damals aus eigenem Antrieb geschmust hat und in Liebesdingen keines Managers bedurfte. Dass der potentielle englische Thronfolger eine Bürgerliche geheiratet hat, ist jedenfalls ein starker Beleg dafür, dass kein Heiratsvermittler im Spiel war, denn der hätte bei der Suche nach einer guten Partie wohl ausschließlich den europäischen Hochadel abgegrast. In Bayern wurde dieses Geschäft einst von den Heiratsschmusern betrieben. Sie fädelten vor allem Hochzeiten in Kreisen des Bauernstands ein, denn man heiratete damals weniger aus Liebe als aus Gründen der wirtschaftlichen Effizienz. Eine arme Dienstbotin konnte so hübsch sein, wie sie wollte, einen reichen Bauernsohn konnte sie sich als Ehemann in der Regel nicht angeln. Gut geeignet für den Job des Heiratsschmusers waren die Viehhändler, denn die hatten in einem weiten Umkreis den besten Überblick über mögliche Ehekandidaten. Der Lohn für die Heiratvermittlung hieß Schmus oder Schmusgeld, beide Wörter kommen aus dem Jiddischen. Wenn ein Geschäft nicht korrekt abgelaufen ist, dann wurde aus dem Schmus schnell ein Schmu, ein kleiner Betrug.

schnackseln

Das Zweite Deutsche Fernsehen (ZDF) unterhält seine Zuschauer im Vorabendprogramm seit Jahren mit der Krimiserie „Rosenheim Cops". Es ist eine der wenigen gesamtdeutschen Sendungen, in der noch Bairisch gesprochen wird, mag der Dialekt der Cops auch verludert und sprachhistorisch ohne Belang sein. Zum Beispiel verwenden sie das Verb „schnackseln", das in klassischen Dialektbüchern nicht zu finden, aber durch Gloria von Thurn und Taxis bundesweit populär geworden ist. In einer Talkshow zum Thema Aids sagte sie vor Jahren einmal: „Schwarze schnackseln halt gern" und sie meinte damit: Sie haben gerne Geschlechtsverkehr. Auf ihrer Internetseite erklären die Rosenheim Cops das Wort ziemlich umständlich: „Das bedeutet, wenn zwei Menschen ganz besonders lieb zueinander sind, es ist eine häufig anzutreffende Form der Kommunikation, meistens zwischen Mann und Frau." Normalerweise ist das Fernsehen viel direkter, nicht selten ist der als vulgär geltende Ausdruck „ficken" zu hören. Etwas vornehmer klingt der Begriff „vögeln", der vom mittelhochdeutschen Wort vogelen abstammt (Vögel fangen). Aus bayerischer Sicht listet Georg Queri in seinem 1912 erschienenen Standardwerk „Kraftbayrisch" unter dem Schlagwort „coire" Dutzende Synonyme für das Schnackseln auf, etwa mausen, pudern und tipfeln. Der Dialektologe Ludwig Zehetner hält schnackseln für eine scherzhafte Neubildung um des Reimes willen und erwähnt als Beleg einen Zusatzvers zur Ballade „Die alten Rittersleut" von Karl Valentin: „Wollt' ein Ritter einmal schnaxeln, musst' er aus der Rüstung kraxeln." Queri umging zensorische Probleme sehr geschickt, indem er einst fragte: „Wer hat sich mit dem Mesner seinem Weib so unterhalten, dass es eine scharfe Sünd ist?"

Spinaterer

Die als Berliner Bürgermeister und als deutscher Außenminister populär gewordenen Politiker Klaus Wowereit und Guido Westerwelle wären früher, als die Gesellschaft in sexuellen Angelegenheiten noch verklemmt war, als Spinaterer bezeichnet worden. Das ist ein altes bairisches Dialektwort für einen Homosexuellen, gesprochen klingt es wie Spinoderer. Als die österreichischen Polizisten noch amtsgrün gekleidet waren, nannte man sie bei Gelegenheit ebenfalls Spinoderer. Verewigt ist dieser inoffizielle Amtsbegriff in dem 1982 erschienenen Lied „Spinaterer" der Rockband Drahdiwaberl. Liebhaber von ORF-Krimiserien wissen, dass die Österreicher viele weitere Dialektausdrücke für Polizisten kennen: Krautwachter,

Kieberer, Kapplständer ... Mit dem Wort Spinat umschrieb man früher auch Phänomene wie den Muskelkater oder die Erschöpfung: „Mensch, hab ich nach unserer Bergtour einen Spinat gehabt!"

Strizzi

In der Fernsehserie „Münchner Geschichten" aus den 70er Jahren wirken wunderbare Schauspieler wie Therese Giehse, Karl Obermayr und Günther Maria Halmer mit. Letzterer spielt den Tscharlie, einen liebenswerten Vorstadt-Strizzi, dem die Zuschauer so manche menschliche Schwäche gerne nachgesehen haben. Strizzi ist nach wie vor ein interessant klingendes Wort. Das Grimm'sche Wörterbuch definiert den Strizzi als umherstreichenden Geck und Nichtstuer, auch als Zuhälter, Strolch und Vagabund. Manche Sprachforscher vermuten, das Wort könnte vom italienischen strizzare (pressen, ausdrücken) herstammen.

Der Dialektologe Ludwig Merkle hatte dagegen für diese Theorie nichts übrig. „Strizzi sieht italienisch aus, ist es aber nicht", sagte er und leitete das Wort lieber vom Verb stritzen ab, das soviel bedeutet wie: seinen Samen verspritzen. Das könnte erklären, warum das Rotwelsche und die Münchner Zeitungen des 19. Jahrhunderts unter einem Strizzi stets einen Zuhälter verstanden. Erst später schwächte sich die Bedeutung ab. Als besonders verdächtig galten früher die Mingerer Strizzi, aber wie das Beispiel des Tscharlie zeigt, waren sie oft nur harmlose Herumtreiber. Vergleichbare Ausdrücke sind Stenz, Luggi, Bazi und Hallodri.

Tschamsterer

Die Raith-Schwestern aus der Oberpfalz haben zwar den „Heavy Mädel Sound" erfunden, aber ansonsten sind ihre Gstanzln und Couplets weitgehend frei von Anglizismen. Stattdessen gründen sie tief im Wurzelwerk des Bairischen, wobei die Sängerinnen auch Dialektbegriffe aus dem Kosmos des Amourösen aufgreifen: „Mei, du oiwei mit deine Tschamsterer!", sagen sie zum Beispiel.

In Bayern gilt ein Tschamsterer als ein Liebhaber aus der Abteilung „Stenz und Lover". Im idealen Sinne steckt ein putziger Heiratskandidat wie der Jüngling Daniel Westling dahinter, der im Sommer 2010 die schwedische Prinzessin Victoria geheiratet hat. Der CSU-Politiker Peter Gauweiler bezeichnet den Tschamsterer dagegen als sein Lieblingsschimpfwort.

Der Klang des Wortes verrät dessen österreichische Herkunft. Dort, aber auch in bayerischen Grenzorten wie Simbach am Inn sagt man jedoch Gschamsterer. Dahinter verbirgt sich die Höflichkeitsformel „gschamster Diener", die einst in Wiener Kaffeehäusern und in der Fiakerbranche populär war und vom jiddischen Wort Schammes (Synagogendiener) abgeleitet war. Erst die Verdoppelung Schamer-Diener festigte schließlich die Bedeutung gehorsamer Diener.

Später wurde dann in Bayern daraus ein Liebhaber, weshalb der Kabarettist Bruno Jonas einen Zusammenhang zwischen dem Tschamsterer und dem französischen Wort chambre (Zimmer) vermutet. Von der etymologischen Warte aus schwebt Jonas also ein Herr im Damenzimmer vor.

Ähnliche Überlegungen weckt die Nebenform Tschamster, die Andrea Maria Schenkel in ihrer Erzählung „Kalteis" (2007) dokumentiert hat. Sie klingt wie das tschechische šamstr, das schlesische Schamster und das sächsische Schamstrich. All diese Wörter benennen einen Geliebten oder einen Bräutigam, mitunter auch einen Speichellecker. Tschamsterer ist also ein zentraleuropäischer Begriff, der sich in Bayern ungebrochener Popularität erfreut.

Weiberleit und Schlampn

In Franz Xaver Bogners Fernsehserie „München 7" hat der Polizist Xaver Bartl (Andreas Giebel) zwei resolute Frauen um sich, nämlich die von Christine Neubauer verkörperte Standlfrau Elfi Pollinger und die von Monika Gruber gespielte Tussi Moni Riemerschmidt. Revierleiterin Thekla Eichenseer (Luise Kinseher) ermahnt Bartl deshalb: „Xaver, ich will deine unzähligen Weibergschichten nicht unterstützen." Bartl entgegnet: „Frauengeschichten!" Eichenseer kontert: „Wenn ich als Frau Weiber sag, dann moan i aa Weiber." Trotz der Klarheit dieses Dialogs ist das schon im Althochdeutschen belegte Wort Weib (wîp) etymologisch nicht eindeutig zuzuordnen. Im modernen Bairisch ist der Begriff im Sinne der Frau Eichenseer zu betrachten: Ein Weib, auch Weiberts oder Weiberleit genannt, steht konträr zur seriösen Dame. Als Verkehrsminister Peter Ramsauer (CSU) anno 2012 auf dem Nockherberg „an Hauffa Weiberleit und Mannerleit" sah, da bediente er sich der Sprache des Ludwig Thoma. Zu dessen Zeit klang das Weib noch unverdächtig und rein, deshalb fand es sogar Eingang in die „Heilige Nacht" und in den Rosenkranz: „Gebenedeit bist du unter den Weibern."

In „München 7" ist außerdem das Wort Schlampn (Schlambbm) zu hören, das in seiner Authentizität Bogners Gespür für die Tonlagen der Alltagssprache belegt. So sagt Xaver Bartl zu seinem Gspusi: „Ach Elfi, an dieses Cabrioletfahren könnt ich mich glatt gewöhnen." Elfi lästert daraufhin schnippisch über ihre Rivalin Moni:

„So, hat dir des der blonde Schlampn beibracht!"
Der Schlampn (mit dunklem a gesprochen) ist eines der bösesten Synonyme für das Wort Frau. Es benennt in der weichen Form ein unordentliches, in der harten Form ein liederliches Weibsbild, ja eigentlich eine Hure. Das belegt ein dümmlicher Spruch, der im Internet kursiert: „A Bayer ohne Wampn is wia a Puff ohne Schlampn." Und Wugg Retzer schrieb vor vielen Jahrzehnten in seiner Erzählung „In die roten Oar": „Dir gib i glei frohe Ostern, du Schlampn du vodächtiger."

SCHIMPF & SCHAND

Bazi

Bolandi

Drack

Gandi

gscherte Ruam

Heigeign

hinterfotzig

Hundskrüppel

Kruzifünferl

Lackl

Schisser

Schlawiner

Spinatwachtel

Wildbiesler und Heusoacherin

Zuchtl

Bazi

FC Bayern-Präsident Uli Hoeneß und Sternekoch Alfons Schuhbeck werben gelegentlich für Produkte einer amerikanischen Fleischpflanzlbraterkette. In dem Filmchen sagt Hoeneß zu Schuhbeck: „Mit meine Würstl kannst sogar du kochen, du Bazi!" Dieser entgegnet: „Bist selber einer!" Der Bazi ist ein Dialektwort, das sich auch in der Standardsprache behauptet. Jeder weiß, was damit gemeint ist. Zum einen ist ein Bazi ein Spitzbub, ein Lump oder gar ein Gauner. Unter Freunden wird der Begriff gerne scherzhaft gebraucht: „Du bist mir vielleicht ein Bazi." Unklar ist indessen die Herkunft des Wortes. Manche Dialektologen suchen den Ursprung in den lateinischen Wörtern bacillum (Stäbchen, Stöcklein) und baceolus (Dummkopf). Andere Sprachexperten favorisieren dagegen eine Ableitung von Johann Nestroys Posse „Der böse Geist Lumpazivagabundus", die 1833 veröffentlicht wurde. Der Wiener Sprachforscher Robert Sedlaczek hält diese Theorie für falsch. Für ihn ist der Bazi die Kurzform von Lumpazius.

Dieses Wort ist Ende des 16. Jahrhunderts in der Studentensprache entstanden. Eine Sonderform stellt der „Weana Bazi" dar. Mit diesem Schimpfwort würdigen die Österreicher einen arroganten Wiener.

Eine weitere mögliche Quelle könnte die Pazzi-Verschwörung von 1478 sein. In der Oberschicht von Florenz tobte damals ein Machtkampf, in den die Adelsfamilie Pazzi verwickelt war. Wahrscheinlich hatten die Condottieri der italienischen Renaissance auch bayerische Söldner in ihren Diensten, die schließlich in Anlehnung an die Pazzi das Wort Bazi mit nach Hause gebracht haben könnten.

Als der Schauspieler Manfred Ziebertz einst auf einer Tournee von einem ungarischen Chor begleitet wurde, trug er auf der Bühne eine Jacke mit Karomuster, was ihm von Seiten der Ungarn den Spitznamen „Kocka bácsinak" oder kurz „Kocka bácsi" einbrachte (Würfel- oder Karojunge). Seither fragt sich Ziebertz, ob denn der Bazi nicht auch aus der Sprachwelt der k.u.k.-Monarchie stammen könnte.

Bolandi

In alten Fernsehfilmen sind manchmal liebenswerte Wörter zu hören, die längst aus unserem täglichen Sprachgebrauch verschwunden sind. Ab und zu wiederholt das Bayerische Fernsehen den 1977 gedrehten Kriminalfilm „Chloroform für zwei" aus der Serie Polizeiinspektion 1. Elmar Wepper spielt darin den Polizisten Heindl, der zu einem von Günther Maria Halmer gemimten Strizzi sagt: „Du bringst es eh bloß zum Bolandi!" Diese Filmszene beweist also, dass dieses bezaubernde Dialektwort in den 70er Jahren in der Münchner Stadtsprache noch verankert war. Weitaus älter ist die Geschichte vom Brandner Kaspar, in der sich der Boandlkramer beklagt: „I bin doch der ärmste Bolandi!" Und wenn früher einer schimpfte: „I bin doch ned dei Bolandi!", dann meinte er ähnlich wie der Heindl und der Boandlkramer: „Ich bin doch nicht dein Untergebener, ich mach dir doch nicht den Deppen!" Auch im Fränkischen war das Wort verbreitet.

Zur Bedeutung des Bolandi hat der Regensburger Dialektologe Ludwig Zehetner Erhellendes beigetragen. Er verweist zunächst auf das Nürnberger Wörterbuch von Herbert Maas, in dem geschrieben steht, dieser Begriff sei wohl um 1900 beim Bahnbau aufgekommen, wo viele Italiener als Saisonarbeiter beschäftigt waren, und die hätten gern Polenta gegessen. Glaubwürdiger erscheint Zehetner jedoch die Herkunft aus dem Rumänischen, wo es das Wort bolând gibt, das in etwa das Gleiche bedeutet wie Bolandi in Altbayern und Franken, nämlich Depp, Dummkopf.

Zehetner vermutet, dass das Wort vom Ungarischen oder Rumänischen in die Sprache des fahrenden Volkes gelangt ist und damit auch ins Jenische. Über diese Geheimsprache der umherziehenden Korbflechter, Besenbinder, Kesselflicker, Händler und Scherenschleifer sickerte der Bolandi ins Bairische ein. Komischerweise ist dieses international geprägte Wort dann ausgerechnet im Laufe der Globalisierung in Vergessenheit geraten.

Drack

Bei den Drachenstich-Festspielen in Furth im Wald wird seit mehr als 500 Jahren der Drache gestochen. In dem Drachen steckt einer der größten Roboter der Welt. Auf diese Weise verbindet sich moderne Hochleistungstechnik in einem wunderbaren Zusammenspiel mit einer uralten Tradition. Der Drache hat auch im bayerischen Schimpfwörterkanon seinen festen Platz, allerdings heißt er dort Drack. Möglicherweise liegt dem Wort das vulgärlateinische Wort dracco zugrunde, die Lautentwicklung führte dann vom mittelhochdeutschen dracke zum bairischen Drack. So nennt der Bayer Menschen, über die er sich geärgert hat (schleich dich, du Drack!).

Einen sprachhistorischen Höhepunkt erlebte der Drack am Kriegsende 1945 in Niederbayern. Damals schossen alliierte Kampfbomber auf alles, was sich am Boden bewegte. Der spätere Arzt Heinz Forchheimer erlebte als Bub einen solchen Fliegerangriff auf freiem Feld. Er warf sich ins nächste Erdloch, als die feindliche Maschine auftauchte. Die hagere Res' aber, mit der er auf dem Acker gearbeitet hatte, wurde schneeweiß im Gesicht, pflanzte sich trotzig auf und fuchtelte wild mit ihren Händen gegen den herandonnernden Flieger. Dann schleuderte sie ihm kreischend, in lang gezogenem Hinausschreien einen urstarken bayerischen Hammer entgegen: „Schuiiß bloß ooba, du routfozzata Drack duu!" Es war der wuchtigste Bannfluch, den Forchheimer in seinem Leben je gehört hat. Möglicherweise wäre die Res' getroffen worden, hätte sie dem Angreifer in der magisch wohl schwächeren Schriftsprache gedroht, sagt Forchheimer augenzwinkernd: „Getrau dich bloß nicht, auf mich zu schießen, du rotmauliger Drache, du!" Was die gute Frau den Fliegern beim Heimgehen noch alles an sinngewaltiger Verdammnis hinterherfluchte, das kann mit dem heutigen, magermilchdünnen Rest bayerischen Wortschatzes gar nicht mehr gesagt werden, bilanziert Forchheimer.

Gandi

Nur noch selten hört man das Wörtlein Gandi, das mit dem Bazi verwandt ist. Klingt beim Bazi mehr die Durchtriebenheit durch, ist der Gandi eher ein Taugenichts, ein Faulpelz. „Was willst denn mit dem Gandi?" Wer in der 60er Jahren aufgewachsen ist, der erinnert sich vielleicht noch an folgenden Spruch: „Bin i am Gandi sei Breznsoizer (Breznsalzer)?" Zur Herkunft des Wortes gibt es verschiedene Theorien. Dem Regensburger Heimatpfleger Josef Fendl fällt dazu das lateinische vagandi ein (von vagari=umherschweifen). So hießen die Studenten im Mittelalter, sagt Fendl. Ebenso wahrscheinlich ist der Einfluss des indischen Politikers Mahatma Gandhi (1869–1948). Der Pazifist, der mit gewaltfreiem Widerstand das Ende der britischen Kolonialherrschaft in Indien herbeiführte, war auch in Deutschland bekannt. Inwieweit Gandhi in der deutschen Sprache instrumentalisiert worden ist und möglicherweise im Dialekt bis heute fortlebt, müsste aber erst wissenschaftlich untersucht werden.

gscherte Ruam

Im Restaurant des Süddeutschen Verlags herrscht ein gediegener Umgang. Der Verzehr der Mahlzeiten geht mit großstädtischem Parlieren einher, das sich am feinen Ausdruck orientiert. Der rauere ländliche Umgangston ist nur selten zu vernehmen. Kein Wunder also, dass jener Dame alle Blicke zufielen, die ihren Begleiter unüberhörbar mit dem Ausdruck „du gscherte Ruam" (Rübe) würdigte. Da hatte sie tief in das Schatzkästlein des bäuerlichen Schimpfwörterkanons gegriffen. Der Begriff gschert bedeutet nichts Gutes: frech, unverschämt, taktlos, ungehobelt, unhöflich, mitleidlos. Wenn eine Person als gschert gilt, dann bedeutet das auch, dass sie sich nichts darum schert, was andere über ihr Verhalten denken. Neben der gscherten Ruam hört man auch verwandte Begriffe wie gscherter Rammel, gscherte Sau und gscherts Dach.

Besonders häufig sind solche Ausdrücke im oberbayerischen Isental zu hören, das gerade durch den Bau einer umstrittenen Autobahn verschandelt wird. Wie zum Fleiß hatten die Politiker den Spatenstich an einem 13. April vollzogen und in Sichtweite zu jenen Anwesen, deren Besitzer jahrzehntelang gegen den Verlust ihrer Heimat gekämpft hatten. Es war, als wollte die Obrigkeit hier noch einmal zeigen: Ällabätsch, ihr habt verloren! Die beteiligten Behörden und Politiker müssen sich seither den Vorwurf gefallen lassen, sie seien instinktlos, gschert und gemein. Das Wort gschert hat seinen Ursprung vermutlich bei den leibeigenen Bauern, welche das Haar im Gegensatz zu ihren Herren kurz geschoren trugen. Beim Spatenstich im Isental trugen es auch die Herren kurz. Vielleicht lag es daran, dass sie so gschert waren.

Hartnäckig hält sich auch das Vorurteil, es gebe einen gscherten Dialekt, der Begriffe wie gscherte Ruam hervorbringe. Der Münchner Dialektologe Bernhard Stör sagt jedoch, es gebe keinen gscherten Dialekt: „In jeder Sprache gibt es gscherte Wörter, die man gebrauchen kann oder auch nicht!"

Heigeign

Als die Landwirtschaft noch schweißtreibend per Hand betrieben wurde, da kam unter anderem die Heugeige zum Einsatz (mundartlich: Heigeign, Heigeing). Man verstand darunter hölzerne Lattengestelle, die zum Trocknen des gemähten Grases dienten und im Voralpenland auch Heuheinzn hießen.

Populärer ist die Heigeign im übertragenen Sinne, nämlich als Bezeichnung für eine hochgewachsene, magere Frau, die einer Mischung aus Tussi und Hungerhaken mit gschnappigem Mundwerk entspricht. Das Idealbild einer Heigeign verkörperte Christine Kaufmann in der Fernsehserie „Monaco Franze" in den 8oer Jahren.

Auch in der Riege der Nachwuchs-Models, die sich unter der Fuchtel von Heidi Klum vor der Kamera zum Affen machen, entpuppt sich so manches Mädchen als eine klassische Heigeign: knochig, kicherig, kasperlhaft. Selbst die Ministerinnen in der Staats- wie in der Bundesregierung fallen gelegentlich mit Heigeign-Attitüden auf, sind aber letztlich zu wohlproportioniert, um gänzlich in diese Kategorie eingeordnet zu werden.

hinterfotzig

Weil das Derblecken auf dem Nockherberg eine staatstragende Bedeutung angenommen hat, gilt das auch für die dort gebräuchliche Sprache. Unter diesem Aspekt bleibt festzuhalten: Die Politiker loben die Vorträge der Luise Kinseher und das Singspiel meistens in den höchsten Tönen, manche Fernsehzuschauer wiederum gähnen, weil sie das Spektakel als fad empfinden, und die Medien sehen häufig eine geballte Ladung Hinterfotzigkeit. Jedenfalls ist das Adjektiv hinterfotzig in fast jedem Nockherberg-Artikel zu lesen und in fast jedem Fernseh- und Radiokommentar zu hören. Das bayerische Grundgesetz scheint zu lauten: Das Bier ist süffig, der Himmel weiß-blau und der Nockherberg hinterfotzig.

Dabei waren die ersten beiden Nockherberg-Reden der Luise Kinseher und die Beiträge im

Singspiel alles Mögliche, nur nicht hinterfotzig. Genau das Gegenteil war der Fall. Die „Mama" Kinseher behandelte ihre Schützlinge schonend und behutsam (Ausnahme: „Doagaff" Dobrindt), ihre Worte zielten eher ins Hintergründige, aber hinterfotzig waren sie nie und nimmer. Das vom bairischen Wort „Fotzn" (Mund) hergeleitete Adjektiv ist ein grobes bayerisches Schimpfwort, es beschreibt einen schlechten, miesen Charakter. Einem hinterfotzigen Menschen geht man am besten aus dem Weg. Treffend sind die Synonyme, die im Bayrisch-Österreichischen Schimpfwörterbuch von Reinhold Aman (der „hinterfotzad" sagt) aufgelistet sind: hinterlistig, gemein, verschlagen, heuchlerisch.

Die Kinseher und die Singspiel-Darsteller agierten auf dem Nockherberg weder gemein noch heuchlerisch oder verlogen. Tatsächlich ist die südhochdeutsche Sprachlandschaft in München mittlerweile so stark umgeackert, dass ein Wort wie hinterfotzig zwar als originell und als typisch nockherbergisch betrachtet, aber falsch intoniert wird.

Hundskrüppel

Der Kabarettist Michael Altinger hat im Bayerischen Fernsehen beklagt, dass der Hundskrüppel (Hundsgribbe) ausstirbt. Tatsächlich ist dieses Schimpfwort nur noch selten zu hören. Altinger führt dies darauf zurück, dass sich viele Buben nichts mehr trauen. Träge, computerhörig und der Natur entfremdet, können sie mit Bächen, Weihern, Heuschobern und Bäumen nichts mehr anfangen. Sie kämen nie und nimmer auf die Idee, wie Altinger es vorschlug, sich auf einen Golfplatz zu schleichen, die Löcher vollzubieseln und dann unschuldig zuzuschauen, „wie die Bonzen alle neilangen."

Anschauungsunterricht für Hundskrüppel böten auch die alten Lausbubengeschichten von Ludwig Thoma, die aufzeigen, wie lustig es ist, heimlich Tinte ins Weihwasserbecken zu schütten, bevor die arglosen Kirchgänger sich damit die Stirn benetzen. Auch Gerhard Polt war als Bub ein Hundskrüppel, wie er in seinem Buch „Lehrjahre eines Übeltäters" nachweist. Einmal quetschte er einen Rollmops, den er in der Sonne gären ließ, unter die Bodenleiste eines Geldinstituts, das danach gravierende olfaktorische Probleme zu meistern hatte.

Griesgrämige Erwachsene und Grantler waren beliebte Zielobjekte von Hundskrüppeln. Entfuhr den Opfern dann der Fluch „Ja du Hundskrüppel, du verreckter!", hatten sich die Missetäter unter ihresgleichen Ruhm und Anerkennung erworben. Das war in jener Zeit, in der die Dorf- und Vorstadtkinder noch ungeahnte Freiheiten genossen, während die heutige Jugend nach Frühkasernierung in Krippen und Kindergärten auf das schnelle Abitur hindämmert, aber keine Ahnung vom Leutetratzen, Baumkraxeln, Sauschlachten und Fröschefangen hat.

Im Übrigen ist das Präfix hunds- zur pejorativen Verstärkung im Bairischen gang und gäbe: Hundsbub, Hundswetter, hundsmiserabel, hundsgemein. Das in der germanischen Vorzeit wurzelnde Wort Krüppel ist hier im Sinne von Spitzbub zu verstehen.

Kruzifünferl

Im Gegensatz zum Seufzer „Jessasmaria" gilt „Kruzifünferl" schon als zarter Fluch. Der ehemalige Olympiasieger Erhard Keller sagte einmal in einem Interview: „Da habe ich mir gedacht, Kruzifünferl, Kinder, so geht's nicht." Er bewies damit, dass es tatsächlich noch Münchner gibt, die das Bairische virtuos beherrschen. Mit Kruzifünferl vermeidet der Redner das gotteslästerliche „Kruzifix", indem er vor dem x abweicht und ein harmloses Fünferl anhängt. Als getarnte Flüche sind auch „Kruzinali" und „Kruzinäsn" zu verstehen. Beim Fluchen griff man früher oft auf die Namen fremder Völker zurück, in diesem Fall könnten mit „Näsn" die Chinesen gemeint sein. „Kruzitürken" ist ein weiteres Beispiel für die Völkertheorie, wonach dieser Fluch aus Österreich nach Bayern gekommen ist und zur Zeit der Türkenkriege im 17. und 18. Jahrhundert populär wurde.

Der Münchner Sprachexperte Wolfgang Postl gibt allerdings zu bedenken, dass das Wort „Kruzitürken" nicht unbedingt mit dem Fluch „Kruzifix" zu tun hat und damit nicht zur Klasse der Flüche gehört, die ihre Kraft aus der Verletzung eines Tabus beziehen. Postl hält es für plausibel, dass der Ausruf auf die Wortverbindung „Kuruzen und Türken" zurückgeht. Die Kuruzen waren Aufständische, die im 17. Jahrhundert Teile Ungarns für das Osmanische Reich eroberten, bevor sie von habsburgischen Truppen zurückgeworfen wurden. Viel früher schon taucht der Name im Zusammenhang mit ungarischen Kreuzzüglern auf. Seine Herkunft ist schwer zu bestimmen, denkbar sind sowohl eine türkische als auch eine lateinische Wurzel („crux"). Es könnte aber auch das ungarische Eigenschaftswort „kuruc" (schneidig, aufrührerisch) dahinterstecken.

Lackl

Nicht immer hat die Krisenmanager Angela Merkel und Nicolas Sarkozy eine innige Zuneigung verbunden. Auf dem politischen Parkett führte sich der 2012 als Präsident abgewählte Franzose manchmal wie ein Lackl auf, also barsch und rücksichtslos. Das verwundert nicht, weil ja schon der erste Lackl der Weltgeschichte ein Franzose war. Der Urheber des Schimpfworts soll der General Ezéchiel de Mélac (1630–1704) sein, dessen Truppen 1688/89 die Pfalz verwüstet und dabei auch das schöne Heidelberg zerstört hatten. Da er äußerst brutal zu Werke ging, liegt es nahe, dass Mélac, der unter anderem in Karl Mays Roman „Die Liebe des Ulanen" erwähnt wird, ein grober, unverschämter, ungeschliffener Kerl war, also ein Lackl. Weiter heißt es, er habe große Hunde mit sich geführt. Insofern könnte das Wort Lackl auch von dessen Hunden herrühren, denn im Bairischen wurden einst auch Metzgerhunde als Lackln bezeichnet. Manche führen das Schimpfwort indessen auf den Lakai zurück, was aber eher unwahrscheinlich ist. Im Ernstfall wird das Schimpfwort gerne mit einem Adjektiv angeschärft: So ein gscherter Lackl!

Schisser

Die strenge Mama Bavaria (Luise Kinseher) hatte sich 2012 beim Politiker-Derblecken auf dem Münchner Nockherberg den CSU-Generalsekretär Dobrindt zur Brust genommen. „Alexander, seit wann bistn Du so a Schisser?", fragte sie ihn – in Kauf nehmend, dass nicht jeder Zuhörer dieses Wort kannte. Schisser ist ein Dialektwort, das einen Angsthasen, einen Feigling oder einen Hosenscheißer benennt, was auch in der Wendung „Schiss haben" zum Ausdruck kommt. Als Schisser verspottet zu werden, war früher für einen Buben die Höchststrafe. Dieser Makel konnte nur durch eine Mutprobe beseitigt werden. Wugg Retzer beschreibt in seiner Erzählung „Doppelte Buchführung" (1969), wie er einmal einen Freund getratzt und sich auf der Flucht im Beichtstuhl versteckt hat: „Vom Luk höre ich nichts", schreibt Retzer, „ob sich der Schisser vielleicht in der Kirche nicht suchen traut ..."

Schlawiner

Die im Herbst 2011 im Bayerischen Fernsehen gestartete Fernsehserie „Schlawiner" gewährt dem Zuschauer skurrile und liebenswerte Einblicke in das Leben von Großstadtbewohnern. Regisseur Paul Harather serviert eine höchst vergnügliche Mischung von Persönlichkeiten, Neurotikern, Romantikern und schrägen Vögeln, die sich im täglichen Miteinander durch Notlügen, Selbstüberschätzung und Verschrobenheit in so manch peinliche Situation manövrieren.

Das Wort Schlawiner war in seiner ursprünglichen Bedeutung (durchtriebener Mensch, Nichtsnutz, Betrüger) ein fremdenfeindlicher Ausdruck, der sich aus der früheren nationalistischen Geringschätzung der Balkanvölker erklärt. In eine ähnliche Richtung weisen alte Schimpfwörter wie Krawat, Schlawack, Polack, Russ und Preiß (Menschen aus Kroatien, Slowenien, Polen, Russland und Preußen). Im Schlawiner steckt wohl der Slowene oder der Slawonier – ähnlich wie beim verwandten Wort Schlawack, in dem der Slowake herauszuhören ist.

Heute versteht man unter einem Schlawiner eher einen schlauen oder raffinierten Menschen, dem zwar sein eigener Vorteil am Herzen liegt, dem aber trotzdem ein Hauch von Bewunderung zufliegt. Regisseur Paul Harather erklärte diese Diskrepanz einmal so: „Ein echter Schlawinerfachmann kommt an Ihre Tür und verkauft Ihnen Schnürsenkel, obwohl Sie einen Klettverschluss an Ihren Schuhen haben. Sie lehnen höflich ab, machen die Tür zu und gehen zurück ins Wohnzimmer und stellen fest, er sitzt schon längst da und macht sich's gemütlich."

Harather hält das Schlawinerische für einen Wesenszug, der die Österreicher und die Bayern verbindet und den gesamten süddeutschen vom norddeutschen Raum trennt. Auch zu Kindern sagt man gerne scherzhaft: „Ja du Schlawiner!" oder noch öfter: „Ja du Schlawuzi!" Bei dieser Koseform hat sich die Bedeutung dieses Begriffs völlig ins Positive gedreht.

Spinatwachtel

Hinter manchem Dialektwort steckt nicht das, was man beim ersten Hören vermuten würde. Wer beispielsweise das wohlklingende Dialektwort Spinatwachtel mit dem Blattspinat in Zusammenhang bringt, der liegt falsch. Vielmehr ist dieser Begriff aus der Kombination spinnerte Wachtel entstanden. Die Wachtel ist eine Vogelart, spinnert bedeutet verrückt und narrisch, im weiteren Sinne auch spindeldürr. Tatsächlich zeichnet sich eine Spinatwachtel durch einen hageren, schmalen Körper aus. Im Wörterbuch der Brüder Grimm ist die Bedeutung „altes, grimmig aussehendes Weib" zu lesen. Heutzutage gebraucht man den Begriff Spinatwachtel meistens für eine wunderliche, verschrobene Frau. Im habsburgischen Österreich wurden Uniformierte und Finanzbeamte mit dem Namen Spinatwachter (Spinatwochta) tituliert. Noch um 1970 herum sagten die Wiener, wenn sie jemanden auf den Arm nehmen wollten: „Na, was wüllst denn, du Spinatwachter?"

Wildbiesler und Heusoacherin

Einen Justizbeamten aus Schrobenhausen hatte auf dem Heimweg von der Arbeit die Blase gedrückt. In seiner Not suchte er eine Grünanlage auf, wo er sich aber unglücklicherweise den Fuß brach. Die Verwaltungsrichter bewerteten das Wildbieseln des Beamten als Dienstunfall, weshalb der Freistaat Bayern als Arbeitgeber die Behandlungskosten zahlen musste. Gerne tat er das nicht, denn der Obrigkeit sind Männer, die ihr Wasser unzivilisiert abschlagen, von Haus aus suspekt. Auch in den Innenstädten lassen es viele Zecher ungeniert laufen, weshalb ein Landshuter Blatt eine Frage stellte, die viele bayerische Städte beschäftigt: „Wie bringt man die Biesler auf den Topf?" Bis hier eine Lösung gefunden ist, wird es wohl das dazugehörige Verbum bieseln nicht mehr geben, denn dieses wird von der norddeutschen Variante pinkeln verdrängt – die angeblich vornehmer klingt. Bieseln wird wohl nur noch im Reservat der Kindersprache überleben („biesi-

biesi" und „wiesi-wiesi machen"). Verglichen damit klingt das schriftdeutsche Grundwort pissen, das ebenso wie das Pissoir im Französischen wurzelt, ziemlich unfreundlich. Ein Wahrzeichen der belgischen Hauptstadt Brüssel, der Manneken Pis, würde in Bayern vermutlich „kleiner Biesler" heißen. Synonyme wie brunzen und seichen (soacha) sind ebenfalls noch gebräuchlich, klingen aber derber als bieseln. Trotzdem ist die heilige Margaret (20. Juli) als Heusoacherin bekannt. Ihr Namenstag fällt mitten in die Erntezeit und ist als Regentag gefürchtet, was folgende Bauernregel bestätigt: „Wenn d'Margret brunzt, is d'Arn (die Ernte) verhunzt."

Eine der lustigsten **Wildbiesler**-Geschichten hat sich einst im oberbayerischen Dorfen (Landkreis Erding) zugetragen, wo ein Bauer an die Mauern des Amtsgerichts gebieselt hatte. Die Strafe betrug drei Mark und 70 Pfennige. Der Mann legte vier Mark hin und machte kehrt. „Sie kriegen noch 30 Pfennige", rief ihm der Amtmann nach. „Passt scho", sagte der Bauer. „An Schoas hob i aa no lassn!"

Zuchtl

In seinem Programm „Keine Frau sucht Bauer"
lästert der Musikkabarettist Martin Herrmann
über jene Männer aus der Stadt, „die glauben, sie
bräuchten sich bloß als Bauer verkleiden, dann
fänden sie eine Frau". Über die Bauern auf dem
Land sagt Herrmann, sie spekulierten wiederum
darauf, dass demnächst ein Fernsehteam von RTL
auf dem Hof eintreffen werde, „im Schlepptau
eine esoterische Zuchtl aus der Stadt".

Obwohl er in Heidelberg daheim ist, greift
Herrmann hier auf einen Begriff aus dem aus-
drucksreichen bayerischen Schimpfwörterkanon
zurück, der für Kabarettisten, die nach Lacher-
folgen heischen, wie eine Goldgrube ist. Monika
Gruber hat in der Show von Günter Grünwald die
Schauspielerin Anja Kruse, nachdem sich diese
abfällig über das normale Oktoberfestpublikum
geäußert hatte, als Elends-Zuchtl bezeichnet.
Der CSU-Politiker Peter Gauweiler hat dem *SZ-
Magazin* vor einigen Jahren erzählt, Zuchtl sei
eines seiner bayerischen Lieblingswörter, betreffe

es doch das weite Feld des Emanzipatorischen. „Wir Bayern befürworten die Emanzipation der Frau", führte Gauweiler aus, „nicht aber den Widerspruch und das ewige Nachschnabeln."

Vor diesem Hintergrund definierte Gauweiler die Zuchtl als „eine besonders schnabelige, gschaftige Person", wie sie als politischer Typus häufig im Berliner Hosenanzugbiotop zu finden sei. Diese soziologisch ausdifferenzierte Sicht hat indessen mit der ursprünglichen Bedeutung des Wortes nur wenig zu tun, denn der Ursprung der Zuchtl ist die Zuchtsau.

Im abfälligen Sinne geht die Tendenz im Weiteren sogar in Richtung schlampige, liederliche, ordinäre Weibsperson. Dieser rhetorischen Gefahrenstelle eingedenk, deutet der Kabarettist Herrmann die esoterische Zuchtl aus der Stadt sicherheitshalber in eine „paranormal interessierte Sinnsucherin mit urbanem Migrationshintergrund" um.

SPEIS & TRANK

Foam
Kracherl
Kren
Mongdratzerl
Nasch
Noagerl
Rahmsulz
Reherl
Schmarrn
Kaiserschmarrn
Schwammerl
Wammerl
Zenterling

Foam

Beim Öffnen einer Bierflasche läuft der Gersten-
saft gelegentlich druckvoll über oder spritzt sogar
heraus, wobei der Schaum schnell zusammenfällt.
Die Brauereien benennen dieses Phänomen mit
dem englischen Wort „gushing". Der Bayerische
Brauerbund führt dieses Überschäumen auf
eine Laune der Rohstoffe zurück. Mälzereien
und Brauereien haben kaum Einfluss auf diesen
Gushing-Effekt. Den Anglizismus aber könnten
sie durchaus vermeiden, denn in Bayern und
in Österreich gibt es für den Bierschaum den
wunderbaren Begriff Foam. Er wird noch dazu
wie ein englisches Wort geschrieben. Im Kurcafé
von Bad Aussee (Steiermark) bestellte ein Kunde
im Sommer 2011 „ein Weizen – nicht kalt". Die
Bedienung kam mit einem Glas und der von einer
Schaumfahne gekrönten Flasche und sagte: „I ko's
it eischenga – 's foamt a so!" Wenn einem Mann
die Spucke (bairisch: Speiberling, Soiferling) aus
dem Mund rinnt, dann foamt auch er. In einem
in Georg Queris Buch „Kraftbayrisch" (1912) ab-

gedruckten Gedicht heißt es: „Hat der Bauer des Stück na verkafft, sauft er, dass eahm der Foam abilafft."

Die schriftdeutsche Entsprechung zu Foam ist das Wort Feim, das aber seltener zu hören ist als das dazugehörige Adjektiv abgefeimt (abgeschäumt, gerissen, durchtrieben). Wenn auf dem Oktoberfest schlecht eingeschenkt ist und zu viel Foam im Krug ist, bezichtigt der enttäuschte Gast die Wiesnwirte manchmal der Abgefeimtheit. Dem Foam könnte das lateinische Wort spuma (Schaum, Gischt) zugrunde liegen, das sich im Alt- und Mittelhochdeutschen zu veim, im Frühneuhochdeutschen zu faum und feim gewandelt hat. Die in Anglizismen vernarrte Brauindustrie könnte also in Bayern statt gushing den „gascherten Foam" einführen, bairischer und englischer geht es kaum.

Im Übrigen galt das Wort Foam in Bayern früher auch als ein Beweis für Qualität, etwa für eine gute Seife: „De Soafa is guad. De foamt gscheid."

Kracherl

Die Produktion von Erfrischungsgetränken liegt fast nur noch in Händen von Großkonzernen. Früher aber gab es sogar auf den Dörfern kleine Getränkehersteller. Man nannte sie Kracherlmacher, und ihre Kunst bestand darin, aus Wasser, Zucker, Sirup und Kohlensäure eine Limonade herzustellen. Häufig führten die Kracherlmacher einen Kramerladen als weitere Einkommensquelle.

Kracherl ist ein alter Ausdruck für Zucker- und Brauselimonaden. Dementsprechend sagen manche hin und wieder zum Bierfahrer auch Kracherlfahrer. Der Name Kracherl ist wohl so zu erklären, dass die Flaschen einst mit gläsernen Kugeln verschlossen wurden, die durch den Druck der Kohlensäure nach oben in den Flaschenhals rutschten. Zum Öffnen der Flasche musste man die Glaskugel hineindrücken, was ein krachendes Geräusch erzeugte. Vielleicht spielt beim Namen Kracherl auch das leise Krachen der Kohlensäure eine Rolle. Heute sind diese alten Kracherlflaschen begehrte Sammlerobjekte. Gängiger als das

Zuckerkracherl war früher das billigere, dafür aber herrlich giftgrüne, blutrote oder himmelblaue Brausekracherl. Legendär waren die Sorten Himbeer-, Bergamotte- und Waldmeister-Brause, die zusammen mit dem Jopa-Zehnerl-Schleckeis zumindest bei den Kindern den Duft der großen weiten Welt verströmten.

Als Synonym für Kracherl ist in Südbayern und Österreich auch das Wort Springerl geläufig, das natürlich auf die wundersam perlende Kohlensäure verweist. Als das noch etwas Besonderes war, nannte man solche Getränke auch ein „hupferts Wasser".

Genusstechnisch wurde das Kracherl nie sonderlich ernst genommen. Es stand immer weit unter dem Bier und dem Wein. Sagte einer am Stammtisch: „Magst a Kracherl?", so war dies fast eine Provokation. Vielleicht kommen von daher auch einige abwertende Wortverbindungen: Als Kracherltor bezeichnet man im Fußball solche Treffer, die mit mehr Glück als Verstand zustandegekommen sind. Wer sang- und klanglos verliert, gilt als Kracherlmannschaft. Und ein

Spiel, das nicht gerade prickelnd ist, nennt man ein Kracherlspiel.

Kren

Im Herbst 2010 ist in München eine liebe Tradition zu Ende gegangen. Das letzte Krenweiberl hat wie jede Woche seine Körbe zusammengepackt und ist in seine fränkische Heimat zurückgefahren, diesmal aber war der Abschied endgültig. Helga Kraus war die Letzte ihres Standes, die in der Münchner Innenstadt ihre Waren feilgeboten hat. Jahrzehntelang hatten die Krenweiberl das Leben in der Fußgängerzone mitgeprägt. Mit ihren farbenfrohen Trachtengewändern warteten die Frauen an den Eingängen der Kaufhäuser auf Kundschaft. Ihr Kräuter-Sortiment und ihre hausgemachten Tees waren begehrt. Der Kren gehörte natürlich auch dazu. Kren sagt man in Bayern, vor allem aber in Österreich zum Meerrettich, einer Pflanze, aus der pikante Soßen zu Fleisch- und Fischgerichten bereitet werden. Nach dem Abschied der Krenweiberl wird das Wörtlein Kren wohl aus dem Münchner

Sprachschatz verschwinden, die meisten Menschen kennen nur noch das Wort Meerrettich. Schon in dem 1789 erschienenen Wörterbuch von Andreas Zaupser wird der „Kroehn" als „Meerrettig" beschrieben. Kren ist ein aus dem slawischen Sprachraum stammendes Lehnwort.

Auf dem Land ist statt Kren manchmal auch die nasale Aussprache Kree zu hören. Das n sei, wie im Französischen üblich, ins e geschlüpft, schrieb Wolfgang Johannes Bekh einst in seinem Bayerisch-Ratgeber über diese lautsprachliche Besonderheit. Die Bedeutung des Wortes Kree hat sich im Laufe der Zeit sogar auf alles Saure und Scharfe ausgedehnt. Bekh zitiert dazu folgenden Liebhaber-Spruch aus Wien: „I bi kre auf des Madl." Beachtenswert ist auch eine seltene Redewendung aus Südbayern: „Der hat ihm an Kree unter d'Nasn griebn." Für den Betroffenen bedeutet das: Er wurde ausgeschmiert, dass ihm die Tränen kommen. Im Übrigen wird der Kren wegen seiner schweißtreibenden Wirkung bei Fieber, Erkältungen und Grippe als natürliches Heilmittel angewendet.

Mongdratzerl

Die bayerische Landgastronomie tischt dem Gast gerne üppige Portionen auf, zum Beispiel Schnitzel von der Größe einer Bratpfanne. Das kommt daher, dass früher die meisten Mittagsgäste noch körperlich arbeiten mussten statt sich in einem Büro zu verausgaben. Mit einem Mongdratzerl (Magentratzerl) wären all diese Schaufelarbeiter und Holzfäller ziemlich schnell verhungert. Ein Mongdratzerl ist so etwas wie ein Appetithappen, im Französischen heißt das amuse-gueule. Es ist eine kleine Portion, die den Magen nur tratzt (reizt) und damit Lust auf mehr macht. „Mongdratzerl sind die bayerischen Tapas", schreiben die Autoren Thomas Sadler, Marion Hofmeier und Eva Reichert in ihrem Kochbuch „Chiemgau schmeckt" (schmeckt 3 Verlag, Freising, 2011). Sie stellen darin allerlei Mongdratzerl vor und schieben gleich eine Definition dieses Begriffs nach: „Mongdratzerl kitzeln als Salat, Suppe oder andere kleine Schmankerl liebevoll den Magen und bereiten ihn für den nächsten Gang vor." Als

Beispiele führen sie altehrwürdige Gerichte wie Zwudelsuppn, Hennaknedl und Spinat-Nockerln auf. Streng genommen sind diese Gerichte aber keine Mongdratzerl mehr, dafür fallen sie viel zu opulent aus. Die Franken kennen das Mongschäuferla – das sind Pfefferminzplätzchen, die gegen Magenbeschwerden helfen sollen.

Nasch

Eines Tages hatten drei Straubinger Modedesigner junge Damen aus dem Gäuboden zu einem sogenannten Fotoshooting eingeladen. Die Models sollten mit einem eigens für das Gäubodenvolksfest angefertigten Trachtentäschlein vor der Kamera posieren und damit den Verkaufserfolg dieses Produkts ankurbeln. Von einem „exclusiven Tascherl zum Volksfest" schwärmte die Online-Ausgabe des *Straubinger Tagblatts*.

Beim Begriff Tascherl werden unweigerlich Erinnerungen an das sogenannte Nascherl-Tascherl wach. Das war eine heiße Apfeltasche mit Vanillesoße, die eine amerikanische Fast-Food-Kette vor einiger Zeit in ihren bayerischen Filialen feilgeboten hat. Es stand wohl die Absicht dahinter, sich bei der Kundschaft mit einem Dialektbegriff einzuschmeicheln. Leider ging das Projekt Nascherl-Tascherl voll in die Hose, zumindest in sprachlicher Hinsicht.

Unter einer Nasch versteht man in Bayern nämlich keine Süßigkeit, sondern eine Muttersau oder eine Zuchtsau. In Amans Schimpfwörterlexikon wird die Nasch sogar auf eine Stufe mit der Loas gesetzt (unzüchtige Frau, Hure). Jemanden mit „du Nasch" zu bezeichnen, ist also eine grobe Beleidigung. Das aus dem Mittelhochdeutschen stammende Verb naschen bedeutet ursprünglich auch Wollust treiben. Die deutsche Sprache kennt heute noch die einschlägige Wendung „jemanden vernaschen".

Auch die Tasche ist in fachsprachlicher Hinsicht zweideutig, bezeichnet sie doch in der Jägersprache das weibliche Geschlechtsorgan bei Wildtieren. Kein Wunder, dass einige Fast-Food-Liebhaber die Nase rümpften: „Es muss ein bisschen peinlich sein, ein Nascherl-Tascherl zu bestellen", hat im Internet einer geschrieben, der des Bairischen mächtig gewesen sein muss.

Noagerl

Nachdem in der *Süddeutschen Zeitung* ein Artikel über die Geheimnisse des Biergartens erschienen war, haben einige Leser den dort verwendeten Begriff Norgerl in Zweifel gestellt. In der Tat stellt dieser ein Novum in der bayerischen Sprachlandschaft dar. Seit jeher heißt die Restflüssigkeit, die im Bierkrug ungetrunken übrigbleibt, Noagerl (dahinter steckt der Begriff Neige). Leider klebt an dem im Dialekt üblichen Diphthong oa heutzutage der Makel des Einfältigen und Primitiven. Sprachgeschichtlich ist dieser Kernlaut, den es in der deutschen Schriftsprache nicht gibt, dennoch hochinteressant. Zahlreiche schriftdeutsche ei werden in Bayern als oa ausgesprochen. Allerdings erfolgt die Verwandlung nach strengen Sprachgesetzen, wonach nur das alte ei, das schon im Mittelhochdeutschen ei gelautet hat, ein bairisches oa wird (weinen-woana, zwei-zwoa usw.). Das neue ei, das im Mittelhochdeutschen auf ein langes i zurückgeht, bleibt auch im Bairischen ein ei (wip-Weib, deshalb: Mei Wei woant – meine Frau weint).

Das Norgerl hat also kein etymologisches Fundament. Eine Alternative zum Noagerl wäre höchstens das Neigerl, das zwar salonbayerisch klingt, aber alte Sprachregeln außer Kraft setzt. Auf diese Weise gehen Wörter von größter Bildhaftigkeit verloren, etwa der Noagerlzuzler (-suzler), der auf Bierfesten reihum geht und sich die Noagerl einverleibt. In Zeiten, in denen die Volksfestmass bis zu zehn Euro kostet, ist das Noagerlzuzeln für viele der einzige Weg zum Rausch.

Rahmsulz

Die bairische Sprache ist mit ihrem Begriffsreichtum aus der Arbeitswelt der Bauern herausgewachsen, die lange Zeit die Mehrheit in diesem Land gebildet haben. Vor diesem Hintergrund hatte der Bayerische Bauernverband im Frühjahr 2012 eine Werbekampagne gestartet, die „ein positives Signal für den ganzen Berufsstand" setzen sollte. Leider bewies der Verband damit, wie weit er sich von seinen Wurzeln und Traditionen entfernt hat. Für seine Milchprodukte warb er mit dem Spruch: „Ein hartes Stück Arbeit, das sich lohnt – zum Beispiel in Form von leckeren Sahneschnitten." Ist schon das Adjektiv lecker trostlos genug, so prangte auf dem Werbeplakat auch noch das Wort Sahneschnitten über den Köpfen der Bauernfunktionäre. „Damit setzen wir ein positives Signal für den ganzen Berufsstand", lautete ihre Botschaft. Noch besser wäre es gewesen, hätten sie bedacht, dass die hiesigen Bauern nicht Sahne, sondern Rahm sagen. War die Bezeichnung Sahne einst nur im alten Preußen üblich, hat sich das Sahne-

Gebiet zwar ausgeweitet, aber den Rahm, der als „roum" schon im mittelalterlichen Bayern bekannt war, keineswegs verdrängt. Bayerische Molkereien verkaufen ganz bewusst Rahmjoghurt, Rahmtorte und Käserahm.

Der Bauernverband hätte überdies mit der Bayerischen Creme (Crème bavaroise) werben können, jenem klassischen Dessert, das weltweit nachgeahmt wird. Bereits im 14. Jahrhundert hat die bayerische Prinzessin Isabeau die Rahmsulz als Vorläuferin dieser Crème in die französische Küche eingeführt. Sie strahlt also monarchischen Glanz aus. Auch Johann Rottenhöfer, Mundkoch des Königs Maximilian II. von Bayern, war berühmt für seine Rahmsulz. Die Sahneschnitte klingt dagegen wie eine Billigware auf einheitssprachlichem Fernsehshowniveau. Der Bauernverband, der die Varietäten des südhochdeutschen Idioms eigentlich kennen müsste, gab damit einen traditionslosen Sprachmist von sich.

Reherl

Leider macht sich das Reherl (Recherl, Rehling) rar. Vor wenigen Jahrzehnten waren die kleinen orange-braunen Schwammerl mit dem trichterförmigen Hut bei uns noch massenweise zu finden. Heute werden sie überwiegend aus Osteuropa importiert. Aber eigentlich sollten sie frisch serviert werden, nur dann entfalten sie ihren pfefferartigen Geschmack. Davon rührt auch der Name Pfifferling her, unter dem das Reherl allgemein bekannt ist. Schon das Grimmsche Wörterbuch nennt den Pfifferling Pfefferpilz und Pfefferschwamm. Im Handel muss dieser putzige Schwammerl vorschriftsmäßig als Pfifferling deklariert werden, die Bezeichnung Reherl darf nur ergänzend in Klammern stehen. In manchen Gegenden heißt das Reherl auch Eierschwamm und Gelbschwammerl. Im Bayerischen Wald sagt man Rehgoaßerl und Rehfüaßerl. „Wie reizend anschaulich spielt der süddeutsche Augenmensch auf das Rehwild im hellen Sommerpelz an", philosophierte der Schriftsteller Wolfgang Johannes Bekh einmal über diese

Schwammerlnamen. „Du glaubst den Duft des Waldes zu spüren. Und solche Köstlichkeiten gibt man preis."

Schmarrn

In der ZDF-Show „Leute Leute" spricht die Moderatorin Monika Gruber ein südlich gefärbtes Standarddeutsch, in das einige Brocken Bairisch eingesprenkelt sind: „Dieser ganze Diät-Wahnsinn ist doch alles ein Schmarrn", lästerte sie zum Beispiel in ihrer ersten Sendung. Weil der Schmarrn eine bayerisch-österreichische Spezialität ist, gibt es kein standarddeutsches Wort dafür. Das ist auch gut so, denn zerkleinerter Eierkuchen würde komisch klingen, und Brötchenquatsch statt Semmelschmarrn hört sich noch blöder an. Ursprünglich ist der Schmarrn eine Mehlspeise, die vom Wort Schmer (Fett, althochdeutsch smero) abgeleitet ist. Dass Schmarrn außerdem Unsinn bedeutet, lässt sich vielleicht mit der Alltäglichkeit der Mehlspeise erklären, wie der Dialektologe Ludwig Merkle vermutete. Sie war eben nichts

Besonderes. In Josef Bierbichlers Roman „Mittel-reich" (2011) schimpft die Seewirtin: „Red doch nicht so einen Schmarrn!" Wer viel Schmarrn redet, wird auch als Schmarrnbene bezeichnet. In den Regionalkrimis der Autorin Rita Falk machen die Hauptpersonen dagegen viel Schmarrn. So schmückt beispielsweise der Papa Eberhofer im Fasching sein Gesicht mit Schuhcreme. Und die Oma schimpft: „Jedesmal verschmiert er mir mit dem Schmarrn die ganze Wäsche."

Kaiserschmarrn

Der Kaiserschmarrn ist eine der bekanntesten Süßspeisen der österreichischen Küche. Zahlreiche Legenden ranken sich um seine Herkunft. In deren Zentrum steht meistens der Kaiser Franz Joseph, der zum Nachtisch Mehlspeisen bevorzugt hat. Wenn diese platzten oder zerrissen, waren sie des Kaisers nicht würdig, und das Gericht wurde dem Personal serviert – denn es war ein Schmarrn, so etwas dem Kaiser vorzusetzen. Heute zählt der

Kaiserschmarrn zu den beliebtesten Mehlspeisen überhaupt. Ein Wiener Restaurant preist ihn auf seiner Speisekarte sogar auf Englisch an: Zum Nachtisch wird dort tatsächlich „Imperial Nonsense" serviert.

Schwammerl

Nicht jeder Sommer macht seinem Namen Ehre, vor allem wenn er recht verregnet ist. Aber wenigstens sorgt das feuchte Klima in solchen Jahren für eine passable Pilzsaison. Doch Obacht: Pilz sollte man, wenn es um Schwammerl geht, in Bayern eigentlich nicht schreiben. Wie weit die Empfindlichkeiten gehen, zeigt das Beispiel jenes Lesers, der der SZ-Redaktion einmal Unfähigkeit vorgeworfen hat, die hiesige Sprache zu verwenden. Die Überschrift, über die er sich aufregte, lautete: „Beim Pilze-Säubern die Ehefrau niedergestochen." – „Die Tätigkeit des Täters war Schwammerl-Putzen und nichts anderes", merkte der Kritiker leicht gereizt an. So betrachtet, ist das

Wort Schwammerl also ein guter Indikator für den Schwund der südhochdeutschen Sprachvarietäten. Dabei begegnet uns der Begriff schon im Alt- und Mittelhochdeutschen („swamp" und „swam"), es konnte sich dabei sowohl um einen Waldpilz handeln als auch um einen Meeresschwamm. Unsere heutige Schriftsprache unterscheidet jedoch deutlich zwischen Pilz und Schwamm. Ungeachtet dessen habe der Schwammerl als eines von wenigen Dialektwörtern Eingang in die Schriftsprache gefunden, sagt Anthony Rowley, der Schriftleiter des Bayerischen Wörterbuchs. In Bayern und in Österreich sucht man dementsprechend auch nicht Pilze, sondern es heißt: „Jetzt geh ich in d'Schwammerl." Während das selten gewordene Reherl (Pfifferling) jedes Schwammerlgericht adelt, gilt der Steinpilz (Stoabuizl) als König unter den Waldpilzen. Früher nannte man ihn auch „das Fleisch des armen Mannes". Manche verwenden Schwammerl als Schimpfwort für einen einfältigen Menschen: „du Schwammerl!" Der Komponist Franz Schubert ist damit natürlich nicht gemeint, trotzdem trug auch er den Spitznamen Schwammerl, warum auch immer. Nicht zuletzt gebrauchte man einst den Schwammerl als verhüllendes Tarnwort für den Penis.

Wammerl

Im Frühjahr 2012 hat sich im Bayerwalddorf Wetzelsberg ein ominöser Wammerldiebstahl zu getragen. Ein Mann legte nach dem Einkauf in einer Metzgerei in einer Gaststätte seine Einkaufstasche ab, um sich anschließend dem landestypischen Grasoberlspiel hinzugeben. Nicht mehr ganz nüchtern musste er daheim feststellen, dass seine Tasche leer war. Ein halbes Pfund Wammerl im Wert von drei Euro war weg. Sogar die Lokalzeitung rätselte über den Verbleib des Fleisches (Spielschulden?, Dorfhund?, Fleischdieb?). Man sollte also ein Wammerl keinesfalls unbeaufsichtigt lassen. Es handelt sich nämlich um eine Delikatesse, die aus dem Bauch eines Schweins gewonnen wird. Besonders begehrt ist das Wammerl als geräuchertes Bauchstück. In dem Wort stecken alte Begriffe wie wamba, wampa und wamma, die einst den Bauch eines Menschen oder Tieres benannt haben. Für den Spezialbegriff „Herz-Jesu-Sozialist" des bayerischen Ministerpräsidenten Horst Seehofer kennt man im Bayerischen Wald folgende Definition: Der ist wie ein geselchtes Wammerl – „außn schwoaz und innen roud!"

Zenterling

In Bayern ist zur Winterszeit häufig das Wort Zenterling zu hören. Wer es kennt, dem läuft bereits das Wasser im Mund zusammen. Es bedeutet nämlich nichts anderes als ein feines Stück Geselchtes (geräuchertes Schweinefleisch), die Franken sagen dazu Gracherts, die Oberpfälzer Schraidl, die Passauer Rankerl. Die Redaktion des Bayerischen Wörterbuchs erklärt indessen, in ihren Sammlungen sei das Wort Zenterling für ganz Bayern belegt. Ein Zenterling wird zunächst mit Salz, Knoblauch und allerlei sonstigen Gewürzen eingesurt und dann in einer Selche (Räucherkammer) geräuchert. Früher hatten die Fleischstücke durchaus den Umfang eines Schweineviertels, heute werden in der Regel kleinere Stücke geselcht. Bereits in den Wörterbüchern von Schmeller und Grimm aus dem 19. Jahrhundert tauchen die Begriffe Zenterling, Sauterling, Zenter und Zentling auf. Grimm erklärt sie als „ein zum Räuchern bestimmtes oder geräuchertes Stück Fleisch". Die Redaktion des aktuellen Bayerischen Wörterbuchs vermutet, das Wort Zenterling könnte wie das Verb zünden mit einem alten Wort für Feuer oder Flamme zusammenhängen. Wolfgang Johannes Bekh vermutete einst in seinem Bayerisch-Ratgeber, der Zenterling könne auch eine lateinische Wurzel haben, nämlich das Wort centenarium (Zentner).